**1만 권
독서법**

1만 권

인생은 책을 얼마나 읽었느냐에 따라 달라진다

독서법

인나미 아쓰시 지음

장은주 옮김

위즈덤하우스

하루 한 권의 세상을 만나는 독서 비법

나는 얼마나 느리게 읽고 있는가

"책을 정말 좋아해요. 읽고 싶은 책은 산더미인데 도통 시간이 나질 않네요."

"업무상 책을 읽어야 하는데 읽는 속도가 너무 느려 갑갑해요."

"요즘 들어 독서량이 눈에 띄게 줄었어요. 오늘은 꼭 읽어야지 하면서도 책만 펼치면 눈이 감기는 바람에……."

어디서 많이 들어본 말 같지 않나요? 주변 사람들의 말을 들어보면 자신이 책을 너무 적게 읽는다고 느끼는 사람이 꽤 많은 듯합니다. 책 읽기 방법에 관한 책이 줄줄이 나오는 것도 그만큼 많은 사람이 더 많은 책을 읽기 위해 고민하기 때문이겠지요.

저 역시 줄곧 그런 고민을 해왔던 터라 그런 마음을 충분히 이해할 수 있습니다. 저는 지금 〈라이프해커Lifehacker 일본판〉(생활의 지혜나 업무 기술 등에 관한 정보를 주로 소개하는 웹미디어)와 〈뉴스위크Newsweek 일본판〉 등의 여러 정보 사이트에 월 60권 정도의 서평을 기고하는 서평 전문 칼럼니스트로 활동하고 있습니다. 실질적으로 한 달에 읽는 책은 60권 이상입니다. 상당히 빠른 속도로 독서를 한다고 볼 수 있지요.

"대단해요! 전 읽는 게 느려 60권은 꿈도 못 꿔요. 게다가 서평까지 쓰다니 말도 안 돼요."

저의 연재물을 즐겨 읽는 분들에게 이런 말을 자주 듣지만 저역시 상당히 책을 느리게 읽는 사람입니다. 어느 날인가는 잠깐시험 삼아 옆에 놓인 경제경영서를 읽어봤더니 한 페이지를 읽는 데 대략 5분 남짓 걸렸습니다. 멍하니 읽다가 보면 10분이 지나 있을 때도 있었습니다.

한 페이지를 다 읽었는데 마지막 열 줄이 전혀 기억나지 않아다시 읽거나, 그 앞부분이 도통 생각나지 않는 바람에 다시 앞페이지로 돌아가는 일도 있습니다. 책을 읽을 때 주의를 기울이지 않으면 그런 일이 반복되곤 합니다.

별로 인정하고 싶지 않지만 저는 정말 놀랄 만큼 느린 속도로 책을 읽습니다. 아마 여러분이 더 빠를지도 모릅니다. 제가 이런 이야기를 하면 많은 사람이 '바로 내 이야기다'라고 하며 무릎을 칩니다.

저는 수 년 전까지만 해도 이런 방식의 독서를 당연한 것으로 여기며 책을 읽어왔습니다. 하지만 이래서는 도저히 한 달에 60권을 읽기란 불가능했지요. 그러던 2012년 여름, 당시 〈라이프 해커〉 편집장으로부터 "우리 사이트에 매일 책 한 권을 읽고 서평을 기고해주지 않겠느냐?"는 의뢰를 받게 되었습니다.

지금에야 하는 말이지만 "시켜만 주십시오!"라고 답을 하면서도 머릿속은 온통 '어떻게 하루에 한 권을 읽어?' 하는 생각으로 가득했습니다. 그랬던 제가 지금은 사이트 네 곳에 월 60권의 서평을 기고하고 있습니다. 단순 계산으로도 연간 700권 이상을 읽고 있다는 수치가 나오기 때문에 스스로도 '이게 진짜일까?' 싶은 게 솔직한 심경입니다.

이 책은 과거의 저와 똑같은 고민을 안고 있는 사람을 위한 독서법에 관한 책입니다.

'느리게 읽던 사람이 쓴 독서법? 대체 어떤 것일까?'

왠지 걱정 된다고요? 사실 독서법에 관한 책을 쓴 저자들은 대부분 독서에 도가 튼 사람들입니다. 자신의 독서 능력에 의문을 품는 일조차 없이 막힘없이 책을 읽어왔던 우수한 사람들이

'책만 펴면 눈이 감긴다.'

'읽는 속도가 너무 느려 갑갑하다.'

'방금 읽은 페이지의 내용이 기억나지 않는다.'

라고나 할까요.

이 책의 가치는 그런 우수한 독서가가 아닌 '책을 느리게 읽는 게 고민이던 사람이 그것을 극복한 방법을 썼다'는 데 있습니다. 저에게는 대체 어떤 일이 일어났던 것일까요?

누구라도 하루 한 권 읽을 수 있다

단언컨대 속독법 책을 찾아 읽거나 수상쩍은 세미나 교육을 받거나 다른 사람이 쓴 교재에 손 댄 적은 결코 없습니다. 사실 이런 일은 여간 힘든 게 아닙니다. 자세한 이야기는 본문에서 다루겠지만, 여기서 간략하게 제가 말하고자 하는 독서법을 한마디로 정리하면 '책을 읽는 행위'에 대한 발상을 전환해야 한다는 것입니다.

사실 우리는 독서에 대해 상당히 완고한 선입관을 갖고 있습니다. 따라서 독서라는 행위를 자기 나름의 방식으로 파악하여 어떻게 책과 마주할 것인지 생각해본다면 읽는 속도는 얼마든지 조정할 수 있습니다. 물론 그때그때 상황에 맞는 테크닉이나 요령은 필요하지만 그 이전에 먼저 사고방식을 바꾸면 누구라도 하루 한 권의 책을 읽을 수 있습니다. 무엇보다 이것이 가능해지면 독서가 상당히 즐거워집니다. '무리해서 책을 읽고 있다'

는 느낌이 사라질 것입니다.

독자 여러분은 이미 눈치 채셨겠지만 제가 지금부터 말하는 독서법은 '안구 트레이닝'이나 '빠르게 훑기' 같은 이른바 속독의 기법과는 전혀 다른 차원의 기술입니다. 그런 기법을 기대하는 분이라면 이 책이 마음에 들지 않을 가능성이 농후하니 아무쪼록 유의해주셨으면 합니다.

독서량이 줄어든 이유는 단순하다

얼마 전에 이런 말을 들었습니다.

"인나미 씨는 책을 많이 읽어 좋겠어요. 저도 학생시절엔 책벌레란 소리를 들을 정도였는데 요 몇 년 새 점점 독서량이 줄고 있어요. 바빠서 좀처럼 시간을 내기 힘든 데다, 애초에 워낙 읽는 속도가 느리거든요."

예전엔 책을 많이 읽었는데 최근 들어 책을 잘 읽지 않게 되었다는 사람이 많습니다. 굳이 자세히 말하지 않아도 여러분도 그 이유를 잘 알고 계실 것입니다. 바로 스마트폰의 영향이지요. 스마트폰으로 SNS나 웹 뉴스를 보게 된 이래, 자신도 의식하지 못하는 새 많은 사람들의 '읽는 법'이 변화하고 있습니다. 압도적인 양의 정보가 물밀듯이 밀려오기 때문에 예전처럼 문자를 쫓기만 하는 방식으로는 그 속도를 따라갈 수 없기 때문입니다.

그런 이유로 의식적이든 무의식적이든 요 몇 년 새 대부분의 사람에게 진지하게 읽지 않는, 즉 '적당히 읽는' 습관이 몸에 배어버렸습니다. '독서량이 줄었다', '책을 읽을 수 없게 되었다'고 푸념하는 사람은 그런 '새롭게 읽는 법'과 '기존의 읽는 법'의 갈림길에 서 있는 것이라고 할 수 있습니다.

이러한 갈등은 스마트폰 세대를 제외한 거의 모든 사람이 맛보고 있다고 할 수 있습니다. 뇌는 새롭게 읽는 법에 익숙해져 가는데 책만은 기존의 읽는 법을 억지로 밀어붙이며 고수하고 있으니 이것이 엄청난 스트레스로 다가오는 것입니다.

책을 좋아하고 착실하게 읽는 사람일수록 책 읽기가 힘들어지고 있습니다. 이 역시 새로운 의미에서 느리게 읽는 사람이라고 할 수 있습니다.

책을 읽지 않는 인생보다 책 읽는 인생이 즐겁다

이제 우리에게 남겨진 길은 두 가지입니다.

① 점점 책과 멀어지는 자신을 이대로 계속 방치한다.
② '새롭게 읽는 법'을 익혀 많은 책을 음미하는 인생을 되찾는다.

전자의 길을 선택하더라도 살아가는 데는 전혀 문제가 없습니다. 새로운 독서법을 익히자고 말하고 있지만 저 역시 '책을 읽어 현대를 살아나가는 교양을 익히자' 혹은 '독서야말로 훌륭한 사람이 되기 위한 왕도다' 같은 멋진 말을 할 만한 인물이 아닙니다. 또한 책 같은 것 없이도 즐겁게 살아가는 사람 또한 주위에 많기 때문이지요.

하지만 적어도 개인적으로는 책을 읽지 않는 인생보다는 책을 읽는 인생이 훨씬 즐거울 것이라 생각합니다. 시간, 장소에 구애받지 않고, 오로지 나에게만 집중하는 시간. 그것이 독서가 가진 가장 큰 매력이 아닐까요. 제가 지금 실행하고 있는 '연간 700권 읽기'의 독서 생활을 이대로 10년간 지속한다면 7,000권의 책을 읽게 됩니다. 그렇게 되면 1만 권 이상의 책을 만나게 되는 것도 결코 불가능한 일은 아닐 것입니다. '1만 권의 책이 내 몸속에 흐르고 있다.' 상상만 해도 두근두근하지 않나요?

이 책은 그런 상상을 하며 설레는 사람, 적어도 흥미가 솟는 사람을 대상으로 썼습니다.

'독서를 하면 머리가 좋아진다', '일을 잘할 수 있게 된다', '부자가 될 수 있다' 이런 통속적인 말은 이 책에서는 접어두고자 합니다.

이 책은 독서 그 자체의 즐거움은 알지만 현재의 독서량이나 독서 속도 등에 불만을 가진 사람에게 도움이 될 만한 사고방식과 기법을 제 나름의 관점에서 정리한 것입니다.

한 페이지를 읽는 데 5분 가까이 걸렸던 저에게도 가능한 방법이기에 아무리 느리게 읽는 사람이라도 이 독서법을 실천할 수 있습니다. 그럼 얼른 본론으로 들어가봅시다.

차례

1장

나는 이렇게 1년에 700권을 읽었다

2장

어떻게 많은 책을 읽을 것인가
한 달에 20권 읽는 독서 습관

3장

왜 읽어도 금세 잊어버리게 될까?
핵심을 잊어버리지 않는 효율적인 독서법

4장

어떻게 빨리 읽을 것인가
술술 읽으면서도 요점을 파악하는 키워드 독서법

5장

책과 어떻게 만나고 헤어질 것인가
1만 권의 책을 고르고 관리하는 법

나는 이렇게
1년에 700권을 읽었다

"책을 읽고 머리에 한 구절이 남았다면,
그 책에서 얻을 수 있는 모든 가치는 바로 거기에 있습니다."

느리게 읽는 사람들이
하기 쉬운 착각

꼼꼼히 읽어야만 한다는 강박관념

저는 책을 느리게 읽는 사람입니다. 책을 읽을 때마다 너무 느리게 읽지 않으려 주의를 하지만 어느새 같은 줄을 몇 번이나 읽고 또 읽고, 그럼에도 전혀 내용이 머리에 들어오지 않을 때가 있습니다.

농담이 아니라 '내 뇌에 문제가 있는 건 아닐까?' 심각하게 고민한 적도 있었습니다. 하지만 그러는 중에 빨리 읽는 요령을 익히게 되었지요. 지금은 서평용 책을 한 권당 평균 20~30분 정도에 읽고 약 60분에 걸쳐 서평 기사를 정리합니다.

여기서 여러분에게 한 가지 질문을 던져보겠습니다.

'책을 읽을 때 얼마만큼 깊이 읽는가?'

저는 정독하려고 하면 극단적으로 느리게 읽게 됩니다. 그래서 일정한 속도를 유지하면서 정독하는 사람들을 보면 정말 부럽습니다.

예전에는 정독의 밀도를 높이기 위해 다양한 방법으로 여러 차례 노력도 해봤지만 전혀 진전이 없었습니다. 그렇게 되니 생각은 당연히 '나에겐 분명 책을 빨리 읽는 능력이 결여되어 있어!' 하는 쪽으로 기울게 되었지요. 책을 좋아하는 제가 책과 마주하는 것은 저의 결점을 뼈저리게 느껴야 하는 행위이기도 했습니다.

하지만 매일 한 권을 읽고 서평을 쓰는 생활을 시작하면서부터 저의 독서습관이 조금씩 변하기 시작했습니다. 무엇보다 '제대로 꼼꼼히 읽어야만 한다'는 생각으로는 원고 마감일을 맞출 수 없기 때문입니다. 서평 사이트 편집자가 다음날 내보낼 기사를 위해 원고를 기다리고 있었기 때문에 어떻게든 그 일정에 맞추고자 책을 펼쳐야만 했습니다.

아무리 주의를 기울여도 잊어버리기 마련이다

서평 기사를 쓰기 시작하면서 '아무리 정독해도 실제로는 잊어버리는 게 많다'는 현실을 깨닫게 되었습니다.

읽는 속도와 이해도, 기억은 전혀 비례하지 않습니다. 즉, 서평을 쓰기 때문에 천천히 꼼꼼히 읽어야 한다는 생각은 큰 착각이며, 그렇게 읽는다고 해서 내용이 더 또렷하게 머리에 들어오는 것도 아닙니다. 이는 상당히 본질적인 문제이지요.

세상에는 유례가 드물 만큼 이해력과 기억력이 뛰어난 사람도 있기 마련입니다. 그런 사람이라면 단 한 번만 정독해도 깊은 독서 체험이 가능할 수도 있습니다. 그러나 대부분의 사람에게 책을 한 번 읽고 내용을 완벽하게 흡수하여 기억해내는 일은 절대 불가능합니다.

그렇다고 기죽을 필요는 없습니다. 머리에 남아 있지 않은 부분이 많다는 것은 뒤집어보면 머리에 남아 있는 부분이야말로 자신에게 정말 중요한 것이 응축된 지점임을 의미합니다. 무언가 머리 한구석에 남았다면 적어도 그 부분은 자신에게 정말 필요한 것입니다. 그 책에서 얻을 수 있는 모든 가치는 바로 거기에 있으며, 그 한 구절을 만나기 위해 한 권을 끝까지 읽은 의의가 있다고 해도 좋습니다.

느리게 읽는 사람의 강박관념

100퍼센트를 기억하는 독서에서 1퍼센트를 만나는 독서로

운명의 단 한 줄을 만나기 위한 독서

'책이란 저자의 머릿속 내용을 충실하게 재현한 것이다.'

'독서란 읽은 것을 자신의 뇌에 충실하게 주입하는 것이다.'

이 같은 사고에 얽매여 있는 이상 독서는 언제까지나 '책의 내용을 기억하는 행위, 읽은 것을 잊지 않는 행위'에서 벗어나지 못합니다. 그 결과 많은 사람들이 스트레스를 받으면서 책의 내용을 머릿속에 주입하는 데 열중하게 됩니다.

하지만 유감스럽게도 책을 정독하여 머릿속에 주입한다고 해도 대부분의 내용은 시간의 경과와 함께 기억에서 사라집니다.

더구나 지극히 짧은 시간에 말이지요. 결국 '모든 내용을 머리에 꾹꾹 집어넣는 것을 전제로 한 독서' 만큼 헛된 것은 없습니다.

여기서 자신의 독서 체험을 되돌아봅시다.

'정말 감동했다!', '엄청난 영향을 받았다!'고 생각하는 책 중에 한 페이지라도 정확하게 기억하고 있는 부분이 있나요?

현실적으로 고작 한두 문장 혹은 어떤 내용인지는 가물가물하지만 아무튼 아주 좋은 책이었다는 사실만 어렴풋이 기억하고 있지는 않나요?

여기서도 알 수 있듯이 독서의 진정한 가치는 책의 내용을 전부 머릿속에 기억하는 데 있는 게 아니라 가치를 느낄 수 있는 1퍼센트를 만나는 데 있습니다.

정독의 저주에서 벗어난다

'책을 느리게 읽는 것은, 읽는 속도의 문제가 아니다.'

이것이 이 책의 기본이 되는 사고방식입니다. 사실 이러한 사고방식은 책을 많이 읽는 습관이 배인 사람에게는 지극히 당연한 감각입니다. 자신이 책을 느리게 읽는다고 느끼는 사람은 이같은 '정독의 저주'에서 벗어나야 합니다.

한 가지 결론을 미리 말하자면, 책을 빨리 읽는 것은 능력의 유무가 아니라 독서법과 연관이 있다는 사실입니다. 세상에는 '책을 빨리 읽을 수 있는 사람'과 '느리게만 읽는 사람'이 존재하는 것이 아닙니다. '정독의 저주에서 자유로운 사람'과 '정독의 저주에 사로잡혀 있는 사람'이 있을 뿐입니다.

책을 읽은 결과로 어떤 지식이나 아주 작은 발견이 머릿속에 남는 것이 중요합니다. 아주 작은 단편적인 것이라도 좋습니다. 무언가 인상적인 게 하나라도 남았다면 그 독서는 성공한 것입니다. 먼저 책을 읽었다면 그 안에 담긴 것을 하나도 남김없이 내 것으로 만들어야 한다는 욕심을 버리는 자세가 필요합니다.

한 번의 독서로 모든 것을 얻을 수는 없다

한 번의 독서로 너무 많은 것을 얻으려고 하는 사고방식도 문제입니다. 단 한 번의 독서로 그 안의 내용을 모두 기억하는 사람은 드물 것입니다. 만약 한 권의 책을 일주일 걸려 정독했다고 하더라도 한 달 후에는 1퍼센트밖에 남지 않는다고 해봅시다. 그렇다면 같은 일주일 동안 열 권의 책을 빨리 읽어서 10퍼센트를 얻는 쪽이 낫지 않을까요?

한 권을 깊이 읽는 게 아니라 많은 책으로부터 '작은 조각'들을 모아 '큰 덩어리'를 만들어가는 것입니다. 느리게 읽는 사람

독서란 작은 조각들을 모아 큰 덩어리를 만들어가는 것

한 권의 책을 읽으면
단 한 조각이 남는다.
그 조각이 모여 커다란 덩어리를 만든다.

에게는 결정적으로 이런 발상이 결여되어 있습니다.

작은 조각들이 모이면 그 조각들은 저절로 이어져 더 큰 지식으로 성장해갑니다. 조립식 블록 '레고'로 큰 형태를 만들어가는 이미지를 떠올려볼 수 있습니다.

한 권을 정독하여 단번에 큰 블록을 손에 넣는 게 아니라, 일단 많은 책을 빨리 읽어 수중에 있는 블록의 수를 늘리는 것입니다.

조립식 블록으로 재미있게 놀려면 일정 수 이상의 블록이 있어야 합니다. '책을 읽는 게 도통 재미가 없다!'는 사람은 수중에 있는 블록 수가 너무 적어 새로운 형태로 조립해가는 블록 놀이의 묘미를 아직 모르고 있을 뿐입니다.

음악을 듣듯 편안하게
책을 기억하자

음악 듣기와 책 읽기의 공통점

분명 제가 말하는 독서론에 반감을 갖는 분도 계실 것입니다.

여기서 잠깐 이야기를 다른 방향으로 돌려보겠습니다. 저는 원래 작은 광고대행사에서 카피라이터로 일하다가, 겸업으로 음악 전문잡지의 편집부에서 음악 칼럼니스트 일을 시작했습니다. 독립 후에는 주로 일반 잡지에 기고하는 프리랜서 작가로서 20년 가까이 활동하고 있지만, 지금도 음악을 아주 좋아해서 정기적으로 DJ이벤트 등을 개최하고 있습니다.

이 책은 독서법에 관한 책이지만 군데군데 음악에 관한 내용이 나옵니다. 물론 저의 글쓰기의 원점이 '음악 칼럼니스트'라는 점도 작용했겠지만 그보다 큰 이유가 있습니다. 이유는 아주 단순합니다. 책이나 음악이나 지금의 저에게는 감각적인 면에서 동일하며 '읽는 것'과 '듣는 것'에는 의외로 공통점이 많기 때문입니다.

여러분은 음악을 좋아하시나요? 왜, 무엇을 위해 음악을 들으시나요? 대부분의 사람은 마음을 가라앉히거나 흥을 북돋우기 위해, 자신이 편안하다고 느끼는 환경에서 음악을 듣습니다. 걸어가면서, 전철을 타면서, 차를 운전하면서, 혹은 밥을 먹으면서 듣는 사람도 있을 것입니다.

개중에는 '주의를 집중하여 한 음도 놓치지 않고 들으려는' 사람도 물론 있겠지만, '그래 음악을 듣자! 먼저 인트로, 그 다음엔 A멜로디' 하는 식으로 듣는 사람은 여태 본 적이 없습니다. 대부분 자연스럽게 음이 자신 안으로 들어오기를 기다립니다.

사실 이 책의 목표는 이처럼 음악을 듣듯이 책을 읽을 수 있는 상태를 만들어 가는 데 있습니다.

음악을 암기하려는 사람은 아무도 없다

편안한 상태로 배경음악을 흘려 들을 때, 우리는 세세한 가사나 선율 등을 대량으로 빠트리고 듣습니다.

그렇기 때문에 예전부터 많이 들어 익숙한 곡인데도 어느 날 문득 '어, 여기에 이런 음이 들어가 있었나?' 싶을 때가 있습니다. 하지만 새삼스럽게 놀랄 일이 아닙니다. 이는 당연한 일이지요. 귀에 들어온 모든 멜로디, 몸이 느낀 모든 리듬, 세부에 담긴 음, 그것들을 전부 기억한다는 것은 애초에 불가능한 일이니까요.

무엇보다 그렇게 음악을 들어서는 곡을 즐길 수 없습니다. 자신 안에 들어온 음을 담아두기보다는 자신 안에 들어온 음이 자연스럽게 빠져나가는 쪽이 훨씬 편안합니다. 적어도 저는 지금까지 이런 식으로 음악을 접해왔습니다.

다만 여기에는 중요한 포인트가 있습니다. 설령 아무리 음악을 흘려들었더라도 역시 '기억에 남는 음'은 있기 마련이지요. 멜로디인지 리듬인지 혹은 가사인지는 알 수 없지만 음악은 우리의 마음에 어떠한 작용을 끼치고 무언가를 남깁니다.

음의 배열을 빠짐없이 기억한다거나, 악기로 완벽하게 재현한다거나, 가사를 암기하는 게 음악을 듣는 본래의 목적은 아닐 것입니다. 음악을 듣고 자신 안에 무언가가 생겼다면 그것이 바로 음악의 근본적인 가치라고 할 수 있습니다.

음악을 듣듯 책을 읽을 수 있는 상태

자연스럽게 책을 읽고 흘려보내면
나도 모르게 기억에 남는 부분을 만나게 된다.

정보과잉 시대에 꼭 맞는
새로운 읽기

독서는 공부가 아니다

음악 이야기에 꽤 시간을 할애했는데, 여러분도 제가 이 책에서 말하고자 하는 바는 이미 짐작하고 계실 것입니다. 그렇습니다. 독서도 음악과 같습니다.

음악은 결코 딱딱하지 않습니다. 기본적으로는 즐기는 것이며, 마음을 가라앉히기 위한 것이며, 흥을 북돋우기 위한 것으로 우리의 일상 가까이에 존재하고 있습니다. 그런데 음악은 이렇게 부담 없이 즐기면서 왜 책을 앞에 두면 우리는 전투태세를 갖추듯 진지하고 심각해지는 것일까요? 음악을 들을 때처럼 독서를 좀 더 가볍게 받아들일 수는 없을까요?

느리게 읽는 사람은 독서에 대한 이런 '진지함'을 버리지 못한 사람이라고 할 수 있습니다. 앞서 말한 느리게 읽는 사람들이 묶여 있는 '정독의 저주'의 발단은 분명 학교 교육에 있습니다.

'저자가 무엇을 말하고자 하는지 바르게 알아챈다', '주인공의 기분을 답안 중에서 고른다.' 이런 교육을 받는 과정에서 책을 읽는다는 행위는 저자의 의도를 한 글자 한 글자 철저히 이해하여 그것을 머릿속에 주입시키는 것이라는 불문율이 생겨난 것입니다.

어떤 계기로 그 저주에서 벗어난 사람 혹은 처음부터 벗어난 사람은 좀 더 자유롭게 자신에게 맞는 책을 읽습니다. 반면에 정독의 저주에 사로잡힌 사람은 교사의 해설이나 판서를 토씨 하나 빠트리지 않고 필기하는 학생처럼 책의 내용을 부지런히 머리에 주입시키려고 합니다.

하지만 그 노력이 과연 보상받을 수 있을까요? 독서를 너무 무거운 것으로 여기고 있는 것은 아닐까요?

지금 시대는 미디어를 대하는 자세 자체가 급변하여 그에 따라 우리의 '읽는 법'과 '듣는 법' 자체도 변화하고 있습니다. 인터넷 뉴스나 SNS에서 발신되는 정보를 습득하는 과정에서 '적당히 읽는 법'에 익숙해진 것입니다. 이런 상황에서 책을 읽을 때만 기존의 '정독'이라는 방식을 고집하기는 더 이상 어렵지 않을까요. 책에 대해 고지식한 사람일수록 앞으로 점점 독서가 힘들어질 것이라는 걱정이 앞섭니다.

읽지 않고 쌓아두기만 하는 이들을 위한 독서법

그래서 제가 이 책에서 주장하는 것이 '플로우 리딩'입니다.

'플로우flow'란 '흐르다'는 의미의 영어입니다. 간단하게 말하자면 플로우 리딩이란 책에 쓰인 내용이 자신의 내부로 흘러드는 것에 가치를 두는 독서법입니다.

이와 대조되는 것이 '스톡'형 독서법입니다. 이것은 책의 내용을 머리에 담아두는 데 무게를 두는 기존의 독서법입니다. 경제나 회계를 배운 적이 있는 사람은 플로우와 스톡의 이미지가 쉽게 대비해 떠올릴 수 있을 것입니다.

플로우 리딩이란 정보가 물밀듯이 밀려드는 시대에 최적화된 '담아두지 않는 독서법'입니다. 이 책에서는 정보과다 시대에 최적화된 읽기인 플로우 리딩을 실천하기 위한 방법을 테크닉, 습관, 환경 조성 등의 각도에서 해설해가고자 합니다.

저장 강박을 버리고 다독 생활을 시작한다

스톡형 단계에서는 '제대로 지식을 흡수할 수 있어야 독서다!'라고 생각하는 사람이 훨씬 많습니다.

실제로 이미 독서 습관이 몸에 배어 일상생활에서 많은 지식을 습득하고 있는 사람이라면, 이 책에서 소개하는 기법이 별로 도움이 되지 않을 것입니다. 이 책의 기법은 그런 '독서 엘리트' 분들에게는 적합하지 않습니다.

오히려 '스톡형 독서'에 사로잡혀 방 한구석에 펼치지도 않은 책이 산더미처럼 쌓인 사람에게 적합합니다. 또는 서점에서 읽고 싶은 책을 찾고서도 '아직 읽지 않은 책이 한 가득인데……' 하는 생각에 책 구매를 주저하는 사람에게 분명 효과를 발휘할 것입니다.

제대로 읽어 머리에 넣어야 하는데 도통 책을 펼칠 기분이 들지 않는 사람은, 무엇보다 그 책을 자신의 머릿속에 재빨리 흘려 넣는 것이 중요합니다. 책을 효과적으로 활용하는 지름길은 바로 거기에 있습니다.

그렇다면 무엇을 어떻게 시작해야 할까요?

다음 장에서 좀 더 깊이 들어가봅시다.

▋담아두지 않는 독서로 전환하자

스톡형 독서

플로우형 독서

2장 어떻게 많은 책을 읽을 것인가
한 달에 20권 읽는 독서 습관

"각각의 곡에 고유의 템포가 있는 것과 마찬가지로
각각의 책에도 적절하게 읽는 속도가 필요합니다."

매달 20권의 독서를 습관화하는 '다독 리듬'

독서를 생활에 포함시킨다

미국의 R&B 가수 올레타 아담스Oleta Adams가 1990년에 발표한 〈써클 오브 원Circle of One〉이라는 앨범의 서두에 '리듬 오브 라이프Rhythm of Life'라는 곡이 수록되어 있습니다. 25년이 흐른 지금에도 변함없이 좋아하는 곡이지만 사실 곡 자체만큼이나 곡명이 마음에 듭니다.

'인생의 리듬', '생활의 리듬'이라는 의미의 특별할 것 없는 제목이지만 뭔가를 할 때, 그리고 살아가는 데 있어서도 '리듬'은 정말 중요합니다. 독서라는 행위에서도 '리듬 오브 라이프'라는

▌생활 속에서 다독 리듬을 만드는 방법

시간에 따라 먹고 운동하고…
그 사이 사이에 독서 시간을 만든다.

사고방식은 매우 중요한 의미를 갖습니다.

　단적으로 말하면, 책을 읽고 싶은데 좀처럼 잘 읽을 수가 없다는 사람은 독서를 생활 리듬 속에 포함시키는 데 실패했다고 볼 수 있습니다. 밥을 먹고 잠을 자는 것과 같이 독서가 생활의 일부가 되지 못한 것입니다.

　혹은 등산이나 달리기, 그 외의 취미는 습관으로 정착시키는 데 성공하면서도, 독서만은 '뭔가 특별한 것'으로 파악하고 있기 때문은 아닐까요. 그래서 지금부터는 독서를 습관화하기 위한 3단계 사고방식에 대해 설명하고자 합니다.

매일 같은 시간에
읽는다

독서의 기본 틀을 만든다

독서뿐 아니라 뭔가를 습관화하는 비결은 매일 같은 시간대에 실행하는 것입니다.

밥을 먹는 날과 먹지 않는 날이 있는 사람은 거의 없을 것입니다. 만약 그런 분이 계시다면 얼른 식습관을 고치기 바랍니다. 이와 마찬가지로 독서 리듬을 만들고 싶다면 일단 하루도 거르지 않아야 합니다.

많은 초등학교와 중학교에서 '아침 10분 독서'를 실시하고 있습니다. 학교마다 '아침 10분간 독서에 집중한다', '어떤 책을 읽어도 좋다', '감상문을 목적으로 하지 않는다' 등 개별적인 특징은 다르지만, 이를 실행하는 것 자체가 아주 의미 있는 일입니다.

학교가 주도하는 만큼 어느 정도 강제성은 띠지만, 읽고 싶은 책을 읽으면 되니 학생들은 독서의 즐거움을 맛볼 수 있습니다. 독서 리듬을 만드는데 이보다 더 좋을 수 없는 방법이지요.

무엇보다 '10분'으로 시간을 정해놓은 것에 의미가 있습니다. 아무리 생각해봐도 10분은 책을 읽기에는 너무 짧은 시간이지만, 그렇기 때문에 오히려 '내일도 읽어야지!' 하는 동기부여를 높일 수 있습니다. 그리고 매일 '10분'이기 때문에 쉽게 독서를 습관화할 수 있습니다. 즉 '리듬 오브 라이프'가 가능한 것이지요.

독서 시간대를 정해둔다

독서를 습관화할 때는 시간을 정해두는 것이 매우 중요합니다. '업무 시작 전 10분', '점심 식사 후 10분', '취침 전 10분' 등 책 읽을 시간을 자신의 라이프 스타일 안에서 설정합니다. 이것이 '리듬 오브 라이프'로 가는 첫걸음입니다.

개인적으로는 머리가 개운한 아침 시간대에 책을 읽는 것을 추천합니다. 밤이나 취침 전에는 취해 있거나 졸려서 리듬이 흐트러지기 쉬우므로 습관화하기가 어렵습니다. 이와 관련한 자세한 설명은 이후에 하겠습니다.

또한 독서할 장소, 상황 등을 정하는 것도 시간을 정하는 것만큼 중요합니다. '집의 이 공간', '그 카페의 구석자리', '업무 시작 전의 사무실'과 같은 장소뿐 아니라, 읽기 전에 커피를 내리거나 좋아하는 음악을 켜두거나 창을 열어 환기를 시키는 등 독서 분위기를 조성하는 것도 의식해서 실천해봅시다.

빨리 읽을 만한 책을
중심으로 고른다

스토리물은 빨리 읽는 의미가 없다

앞서 독서를 습관화하기 위해서는 하루도 빠트리지 않고 매일 매일 읽어야 한다는 말을 했습니다. 이때 중요한 것은 '어떤 책을 고르느냐?'입니다. 독서를 습관화하고 싶다면 '읽고 싶은 책'뿐만 아니라 '빨리 읽을 만한 책'을 기준으로 골라보도록 합시다.

책은 다음 세 종류로 나눌 수 있습니다.

① 읽지 않아도 되는 책

② 빨리 읽을 필요가 없는 책

③ 빨리 읽을 수 있는 책

먼저 '① 읽지 않아도 되는 책'이란 저자에겐 매우 실례되는 말이지만, 그 책이 전혀 가치가 없다는 의미가 아닙니다. 단지 '나에게 필요하지 않은 책'일 뿐입니다. 다른 사람에게는 가치가 있을지라도 '굳이 내가 일부러 읽을 필요는 없는 책'을 뜻합니다. 자신에게 필요하지 않은 책을 읽는 것은 시간 낭비이므로 읽지 않아도 된다는 것이지요.

이 책에서 말하는 독서법의 대상이 되는 것은 '③ 빨리 읽을 수 있는 책'이지만, '② 빨리 읽을 필요가 없는 책'도 분명 존재합니다. 여기에는 두 종류가 있습니다.

하나는 소설처럼 스토리가 있는 콘텐츠입니다. 에세이나 만화, 그림책도 이 장르에 들어갑니다. 말할 것도 없이 소설은 플롯(줄거리)이 중요한 의미를 갖는 읽을거리이므로 건너뛰며 읽을 수 없습니다. 영화를 빨리 돌려보는 사람이 적은 것과 마찬가지로 만화나 그림책을 서둘러 읽고 덮으려는 사람은 많지 않습니다. 따라서 느리게 읽는 사람이 이런 종류의 책을 읽을 때는 그에 상응하는 시간이 필요합니다.

빨리 읽을 수 있는 책의 특징

또 한 가지, 여기서 말하는 '빨리 읽을 필요가 없는 책'은 직접적으로 도움은 되지 않지만 천천히 읽고 싶은 책을 말합니다.

저의 경우는 주로 번역서에 그런 책이 많습니다. 탄탄한 구성에 슬렁슬렁 넘기기가 왠지 아까워 한 장 한 장 조심스럽게 펼치는 게 하나의 낙이 되어버린 중후한 느낌의 책입니다. 그런 책만 읽는다면 일에 지장이 있겠지만 100권에 한 번 정도 그런 책과 만나게 됩니다.

이와 반대로 빨리 읽을 수 있는 책의 특징은 전체를 관통하여 잇는 '선'의 요소가 적어 어디부터 읽든 그에 상응하는 가치를 느낄 수 있는 단락이 많습니다.

이 두 가지 유형의 책은 저 역시 상당히 느리게 읽고 있지만, 사실 '빨리 읽을 필요가 없는 책'은 절대 많지 않습니다.

저의 경우에는 50권 가까운 책 중에 2~3권 정도로 비율로 따지자면 전체의 5퍼센트 이하입니다. 이는 곧 서평가로서 제가 읽는 책의 90퍼센트 이상은 빨리 읽을 수 있는 책이라는 말이 됩니다.

다독생활을 위한 9대 1 법칙

독서를 습관화하려면 빨리 읽을 수 있는 책을 많이 읽는 것이 중요합니다.

천천히 읽고 싶은 책뿐 아니라 빨리 읽을 수 있는 책도 자신의 독서 목록에 넣어둡니다. 이렇게 점차적으로 다양한 책을 읽는 환경을 조성함으로써 앞으로 나아가고 있다는 느낌을 만들어낼 수 있습니다. 다 읽은 책이 점점 늘어가는 기쁨은 독서를 습관화하는 데 빠트릴 수 없는 동기부여로 이어집니다.

목표는 빨리 읽을 수 있는 책 90퍼센트, 빨리 읽을 필요가 없는 책 10퍼센트 정도의 비율로 읽는 것입니다. 이 9대 1의 비율을 의식하면서 책을 고르도록 합니다. 또한 여러 권의 책을 동시에 읽는 것도 효과적입니다. 빨리 읽을 필요가 없는 책을 읽으면서 빨리 읽을 수 있는 책도 마련해둡니다.

예를 들어 독서 시간이 60분이라면, 처음 30분 동안은 천천히 읽는 책을 나머지 30분 동안은 빨리 읽는 책을 읽는 식으로 구분을 합니다. 이렇게 시간을 구분하여 여러 권의 책을 동시에 읽으면 각각의 책에 훨씬 더 몰입하기가 쉽습니다. 꼭 실천해보기 바랍니다.

어제와 다른 책을
읽는다

왜 출퇴근 가방에는 매일 똑같은 책이 들어 있을까

읽다가 만 책을 며칠씩이나 가방에 넣어둔 채로 있었던 경험 없으신가요? 자칫하면 몇 주씩이나 같은 책을 들고 다니는 경우도 있습니다. '시간 날 때 읽어야지!' 생각하면서도 막상 여유가 생기면 무심코 스마트폰을 들여다보거나, '오늘은 꼭 읽어야지!' 하고 야심차게 책을 펼쳤는데 도중에 졸음이 쏟아져 전혀 진도가 나가지 않는 경우가 많습니다. 이는 독서를 습관화하고 싶어 하지만 하지 못하는 사람들의 공통된 특징이라고 할 수 있습니다. 가방에서 책만 묵히는 게 자꾸 신경 쓰이는 사람은 독서에 대한 부담감도 쌓여만 갑니다.

독서를 즐기기 위한 원칙이 있습니다. 먼저 책 한 권에 10일 이상 매달리는 것은 바람직하지 않습니다. 앞서 설명한 대로 시간을 들여 읽는 책이 있어도 좋지만, 그럴 때는 반드시 빨리 읽을 수 있는 책을 따로 마련하여 그 책과 병행하여 읽어 나가도록 합니다.

왜냐하면, 천천히 음미하며 읽고 싶은 재미있는 책이라도 읽는 데 10일 이상 걸리면 반드시 어느 부분에서든 질리기 때문입니다. 독서를 습관화하려면 질리지 않게 할 필요가 있습니다.

아무리 맛있는 쌀이 쌓여 있어도 몇 개월간 계속 밥만 먹으려면 여간 곤욕스러운 일이 아닙니다. 다른 음식과 골고루 섞어 먹는 것이 영양상으로도 좋습니다. 독서도 마찬가지입니다.

하루 안에 한 권을 다 읽으면 이해도도 깊어진다

가능하다면 책은 하루 안에 한 권을 다 읽는 게 이상적입니다. 매일 다른 책이 자신 안에 흘러들었다가 빠져나가는 상태를 만드는 것이 플로우 리딩의 기본 형태입니다. 저는 서평을 쓰기 위한 책은 절대 다음 날로 넘기지 않고 하루 안에 다 읽으려고 합니다.

그렇기 때문에 처음부터 시간을 정해놓고 그 시간 내에 맛볼 수 있는 가치에만 집중하는 것일지도 모릅니다. 정독의 저주에 얽매여 있는 사람은 꼭 '10일간 계속 같은 책만 읽기보다는 60분간 집중적으로 읽기'를 의식해서 실행해봅시다. 독서 체험의 질이 단번에 높아질 것입니다.

플로우 리딩은 원래 지식의 습득을 목적으로 하지 않습니다. 하지만 학습적인 관점에서도 책 한 권을 질질 끌어가며 읽는 것은 비효율적이라고 할 수 있습니다. 연간 700권 이상의 책을 읽으면서 1시간 내로 빨리 읽은 책의 핵심이 오히려 기억에 명료하게 남는 경우가 많다는 사실을 깨달았습니다. 이와 반대로 한 달을 끙끙대며 겨우 다 읽은 책이 '대체 어떤 내용이 쓰여 있었더라?' 싶을 때도 있습니다.

이 차이는 어디에서 생기는 것일까요?

그것은 바로 독서의 밀도 차이, 그리고 전체관全體觀의 유무에서 비롯되는 것이라 생각합니다. 장기간에 걸친 정독은 단위 시간당 독서의 밀도가 낮은 데다 그 전체관을 보기 어렵기 때문에 아주 얕은 독서 체험밖에 경험하지 못합니다.

이는 음악을 아주 느리게 재생하면 어떤 음악인지 잘 알 수 없게 되는 것과 비슷합니다. 각각의 곡에는 고유의 템포가 있는 것과 마찬가지로 각각의 책에도 적절하게 읽는 속도가 필요합니다.

일상에 적용하기 쉬운
독서 습관을 만든다

독서의 효율성

앞서 '아침 10분 독서'에 관한 이야기를 했지만 역시 독서의 황금 시간대는 아침입니다.

지금 이렇게 잘난 척 말하는 저도 10여 년 전까지는 전형적인 올빼미족이었습니다. 돌이켜보면 단순한 고정관념에 불과하지만, 밤이 되면 머리가 깨어나는 것 같은 기분이 들었기 때문에 필연적으로 심야가 되어야 일이 궤도에 올랐습니다.

게다가 한 가지 일을 끝낸 다음 홀짝홀짝 술을 마시거나 하기 때문에 쓸데없이 발동이 걸려 갑자기 독서를 시작한 적도 있습니다. 하지만 이 시점에서는 상당히 취해 있어 비몽사몽간에 책을 읽기 마련입니다. 당연하지만 이런 상태에서는 책의 내용을 제대로 음미할 수 없어 결국 시간만 허비하게 됩니다.

그런 방탕한 독서 생활을 계속 하던 중에 어느 날 어쩐 일인지 일찍 눈이 떠졌습니다. 그래서 아침부터 일을 해봤는데 놀랍게도 상당히 효율적이었습니다. 그 이후 저는 완전히 아침형 인간이 되었습니다. 밤에는 되도록 일찍 잠자리에 들고, 아침 일찍 일어나 7시 경부터 독서나 일을 했습니다. 이렇게 생활 패턴을 완전히 바꾸고 높은 효율성을 실감하게 된 지금은 올빼미족을 쫓아다니며 아침형 인간의 장점을 역설하고 싶을 정도입니다.

잠든 두뇌를 깨우는 아침 침대 독서

앞서 소개한 '매일 같은 시간에 책 읽기'를 궤도에 올리고 싶다면 먼저 아침 시간에 실천하는 것을 추천합니다. 특히 가장 좋은 시간은 '눈을 뜬 직후'입니다. 눈이 떠지면 바로 일어나지 않고 일부러 그대로 침대에 뒹굴 거리면서 딱 10분간만 책을 읽습니다. 그러면 단지 그것만으로도 머리가 개운해지는 것을 느낄 수 있습니다.

스마트폰으로 알람 설정을 해두면 보다 실천력이 높아집니다. 먼저 아침 7시에 일어나서 활동하고 싶다면 다음과 같은 식으로 알람 시간을 설정합니다.

- 6시 49분 / 알람 소리 ⇨ 독서 시작
- 6시 50분 / 좋아하는 음악(독서용 음악) ⇨ 음악을 들으면서 독서
- 7시 00분 / 알람 소리 ⇨ 독서를 멈추고 일어난다

10분이란 시간이 너무 짧게 느껴질지도 모르지만 이런 식으로 처음부터 시간을 나누는 편이 집중력을 높일 수 있습니다.

갑자기 매일 아침 1시간은 책을 읽어야 한다고 결심하기란 상당히 어렵습니다. 우선 매일 아침 10분 정도 읽는 것이 몸에 배기까지 이 습관을 계속 이어가보는 것이 중요합니다.

정독의 저주에 사로잡혀 있는 사람이라면, 잠이 완전히 깨지 않은 흐리멍덩한 상태에서 책을 읽다니 말도 안 된다고 생각할 것입니다. 하지만 반대로 말하면 아침에 막 깨어나 뒹굴 거리며 책을 읽는 체험 자체가 그 성가신 저주를 푸는 데 아주 효과적이라고 할 수 있습니다.

아침잠이 많아 좀처럼 일어나기 힘들어하는 사람도 '눈 뜨자마자 10분 독서'를 익히면, 일어난 직후 가장 힘든 10분 동안에 곧바로 의식이 깨어나니 일거양득이라고 할 수 있습니다. 생활

자체를 바꾸기 위한 첫걸음으로서 아침 10분 독서를 반드시 도입해보시기 바랍니다.

지금까지 이 책의 열쇠가 되는 플로우 리딩의 사고방식에 대해 설명했습니다. 하지만 많은 사람이 이렇게 생각할 것입니다.

'음악을 듣듯이 책을 읽는다더니, 결국엔 전부 잊어버리고 아무 것도 남지 않는 것 아니야?'

'담아두지 않는 자세가 중요하다지만 그래도 책을 읽는 이상에는 뭔가 얻는 게 있어야 하지 않을까?'

안심하시기 바랍니다. 플로우 리딩이라고 해서 아무것도 기억하지 않고 얻는 것이 없는 독서는 아닙니다.

다음 장에서는 그 점에 관해 살펴보도록 합시다.

머리가 맑아지는 아침 10분 독서

아침에 눈을 뜨자마자 머리맡에 있는 책을 집어든다.
10분간 책을 읽어 머리를 깨운다.

3장

왜 읽어도 금세 잊어버리게 될까?

핵심을 잊어버리지 않는 효율적인 독서법

"자신의 손을 사용하여 정보를 재구축하는 과정을 거치면
압도적으로 깊은 독서 효과를 얻을 수 있습니다."

책을 읽기 어려운
진짜 이유

책을 읽는 데도 들숨과 날숨이 필요하다

우리 생물은 호흡을 합니다. 공기 중에 있는 산소를 흡입하는 동시에 체내에 쌓인 이산화탄소를 배출합니다. 살아 있는 한 숨을 들이쉬고 내쉬는 동작을 반복합니다. 일설에 따르면 인간은 일생 동안 6~7억 회의 호흡을 한다고 합니다.

만약 계속해서 숨을 들이쉬기만 하거나 혹은 내쉬기만 한다면 분명 괴로울 것입니다. 들이쉬는 과정이 있기 때문에 내쉬고, 내쉬는 행위가 있기 때문에 또한 다시 들이쉽니다. 이 두 가지가 어우러져야 비로소 호흡의 리듬이 성립합니다.

자명한 논리는 아니지만 이 역시 상당히 중요한 지점이라고 생각하지 않나요? 왜 이런 말을 하느냐면 독서에도 이와 똑같은 논리를 적용할 수 있기 때문입니다. 숨을 쉬는 것은 책을 읽는 것과 매우 흡사합니다. 오로지 책을 계속 읽기만 하는 것은 숨을 계속 들이쉬기만 하는 고행과도 같습니다. 스마트폰이나 인터넷 등을 통해 물밀듯이 밀려드는 정보에 어쩌면 여러분은 더 이상 숨을 쉴 수 없는 상태가 되어 있는지도 모릅니다.

주변을 살펴보면 평소에 접하는 정보량이 급증한 결과로 책을 읽을 수 없게 되었다거나 느리게 읽게 되었다는 사람도 많습니다. 마치 숨을 들이쉬기만 해서는 생명을 유지하는 호흡을 할 수 없는 것처럼 너무 많은 양을 읽기만 해서는 건강한 독서생활이라고 할 수 없습니다.

독서 의식을 전환하는 단 하나의 키 포인트

그렇다면 어떻게 해야 할까요? 답은 간단합니다. 너무 숨을 들이쉬기만 해서 괴롭다면 숨을 내쉬면 됩니다. 이와 마찬가지로 책도 오로지 읽기만 할 게 아니라 쓰도록 합니다. 단순히 읽기만 하지 말고 쓰기 위해 읽는다고 의식을 바꿉니다.

책 읽기를 거창하게 여기며 정독의 저주에 사로잡힌 사람은,

단 한 번의 독서만으로 책 내용을 전부 머릿속에 집어넣어야 한다는 매우 욕심 많은 사고방식을 갖고 있습니다.

물론 독서를 통해 얻는 게 있으면 좋겠지만 요즘 같은 정보의 홍수 시대에 모든 것을 자기 안에 담아두는 것은 가당치도 않습니다. '내 안에 정보를 그대로 담아둔다'는 의식을 애초에 버리고 '밖으로 써낸다'는 자세로 책을 대하는 건 어떨까요? '글을 쓰기 위해 읽는다'는 의식으로 책을 읽으면 '담아두기 위해 읽는다'는 성가신 고정관념이 뒤로 밀려나 독서가 대단히 즐거워집니다.

저는 서평 쓰는 일을 시작하면서 이 사실을 깨닫게 되었습니다. 우선 '어떤 일이 있어도 서평 기사를 써야만 한다'는 변할 수 없는 현실에 부득이하게 쓰게 되었습니다. 하지만 매일 서평을 쓰기 시작하면서 독서에 대한 부담이 엄청나게 줄어 독서를 대하는 마음이 한결 가벼워졌습니다.

그렇다면 대체 무엇을 어떻게 쓰면 좋을까요?

'애초에 글 쓰는 것 자체가 힘들다.'

'여름방학 독서 감상문이 얼마나 쓰기 싫었는데!'

이런 생각을 하시는 분도 계시겠지만 제가 하려는 것은 어려운 이야기가 아니니 아무쪼록 안심하시기 바랍니다.

▌'쓰기'와 조합한 호흡 독서법

들숨과 날숨을 조합하는 호흡처럼
읽기와 쓰기를 번갈아가며 실천한다.

독서의 군더더기를 버리는
효율적인 방법

📖

의욕과 자신감으로 이어지는 서평 쓰기

2012년 여름, 〈라이프해커〉의 편집장으로부터 "서평을 써보지 않겠느냐?"는 말을 들었습니다.

흔쾌히 승낙했지만 속으론 식은땀을 흘리며 의뢰받은 서평을 썼는데, 그것은 제가 '엄청'이라는 말이 붙을 만큼 책을 느리게 읽고 있었기 때문만은 아닙니다.

그 당시의 저에게는 서평을 쓴다는 발상 자체가 없었습니다. 원래 독서를 무척 좋아했지만, 체험을 바탕으로 글을 쓰는 작업이 어떤 것인지 전혀 와닿지 않았습니다. 책에 관한 글은 방학

숙제인 '독서 감상문'을 쓴 일이 고작으로, 그리 좋은 이미지도 아니었지요.

더구나 〈라이프해커〉 독자의 요구가 무엇인지, 어떤 책에 관심이 있는지조차 알 수 없는 상태였기에 초기에는 정말이지 어림짐작으로 글을 쓸 수밖에 없었습니다.

하지만 서평을 쓴 지 6개월이 경과할 무렵 조금씩 변화가 나타나기 시작했습니다. 게재된 서평에 붙은 페이스북의 '좋아요' 수가 늘고 트위터에서 리트윗되는 일도 많아졌습니다.

'좋아요'나 리트윗은 지극히 작은 범주 내에서만 퍼질 가능성이 있기 때문에 그것을 과신하는 것은 졸렬하다는 생각도 했습니다. 하지만 실제로도 "서평을 읽었어요", "저도 그 책을 샀어요"라는 말을 듣는 횟수가 늘면서 차츰 '내 서평이 독자들에게 받아들여지고 영향을 끼치고 있다'는 생각을 하게 되었습니다.

제 서평이 공개되면 그 책의 온라인서점 랭킹이 급상승하거나 경우에 따라서는 품절 사태가 일어난다는 이야기를 여러 곳의 출판사로부터 들었을 때는 정말 기뻤습니다. 물론 숫자상 수치에 불과하지만 그것이 의욕과 자신감으로 이어진 것은 사실입니다.

읽고 무엇을 얻었느냐가 중요하다

그 후 어영부영하는 사이 게재 매체가 늘어나 지금은 〈뉴스위크 일본판〉, 와니북스(일본의 출판사)가 운영하는 〈와니북아웃〉, 숫자에 관한 정보를 모은 〈Suzie〉 등에도 서평을 기고하고 있습니다. 연간 700권 정도의 서평을 쓰다 보니 다음 날도 그 다음 날도 '읽고 쓰고 읽고 쓰고'의 반복이지요.

제 서평이 이렇게 다소나마 인정받을 수 있게 된 것은 신문이나 잡지에 게재되는 서평과는 조금 다른 형식을 도입했기 때문이 아닐까 생각합니다.

그것은 바로 의식적으로 '인용'을 많이 엮어 넣는 것입니다. 제가 신문이나 잡지의 서평과는 다른 접근 방식을 취했던 이유는 명백합니다. 제가 쓰는 서평의 대부분이 인터넷 뉴스 미디어에 게재를 목적으로 하기 때문입니다. 즉 읽는 사람도, 읽게 되는 환경도, 읽기 위해 소비되는 시간도 기존의 종이 매체와는 전혀 다릅니다.

모 매체에 게재되는 서평의 경우에는 서평가의 주관이나 주장이 깊숙이 배어 있는 것을 전제로 합니다. 서평가가 그 책에서 느낀 점을 전하고, 독자는 그 책을 읽고 싶어 하는 것이 종이 매체에 실리는 서평의 기본적인 가치입니다.

한편 인터넷 매체에 실리는 서평은 그 기준 자체가 다릅니다.

극단적으로 말하면, 인터넷 뉴스 미디어에 게재되는 서평에 독자가 요구하는 것은 서평가의 주관이 아니라 정보와 뉴스입니다. 즉 '이 기사(서평)를 읽고 무엇을 얻었는가?'가 가장 중요한 가치 기준이 됩니다.

또한 인터넷 기사의 대부분은 통근 시에 스마트폰으로 읽거나 사무실에서 업무가 시작되기 전에 컴퓨터로 읽는 등 단시간에 소비되는 것들입니다. 그래서 그 시간에 '만족감'을 느끼게 하려면 책의 내용을 한마디로 나타낼 수 있는 '인용'이 가장 효과적이라고 생각했습니다.

빠르고 깊은 독서는 인용에서 시작된다

여기서 말하는 인용이란 가치 있는 부분만을 발췌하는 것을 말합니다. 인용에는 두 가지 가치가 있습니다.

이미 말했듯이 한 가지는 정보로서의 가치입니다. 제 서평을 읽는 사람은 그것이 저자의 주장인지 서평가의 의견인지 신경 쓸 필요가 없습니다. 그 책의 핵심을 간단하게 파악할 수 있기 때문에 대화의 화제로 삼거나 서점에서 책을 고를 때 참고로 할 수 있습니다. 인터넷 시대에는 인용을 중심으로 한 서평이 최적의 접근법이 아닐까요?

그리고 또 한 가지는 '나', 즉 '책을 읽는 사람'이 느끼는 가치
입니다. 인용을 통해 그 책의 어떤 점에 마음이 움직였는지, 어
떤 문장에 마음이 갔는지를 눈으로 확인할 수 있습니다.

　　철저한 독서보다 문장을 머릿속에 그려보는 게 그런 점을 확
실히 맛볼 수 있어 기억에도 오래 남습니다. 다시 말하면 일단
머릿속에 그려봤기 때문에 잊어버려도 괜찮은 것이지요.

책의 요점을 뽑아내는
한 줄 샘플링

마음에 드는 구절은 암기하지 말고 옮겨 쓴다

책을 읽을 때는 읽기뿐 아니라 쓰기도 의식해야 한다고 말했던 것은 바로 이런 이유 때문입니다. 자신이 느리게 읽는다고 생각하는 사람이라면 반드시 책의 문장을 손으로 써보면서 책을 읽기 바랍니다.

읽은 문장을 머릿속에 주입함과 동시에 머리 밖으로 써내는 작업은 매우 중요합니다. 정보를 시각적으로 받아들이는 것만이 아니라, 그 정보를 자신의 손을 사용하여 재구축하는 과정을 거치면 단순한 훑어보기 독서나 단조로운 정독보다 압도적으로

▌읽으면서 옮겨 쓰는 샘플링 기법

기억하고 싶은 부분은 그때그때 짧게
몇 줄로 저장한다.

깊은 독서 효과를 얻을 수 있기 때문입니다.

'읽으면서 인용하나요? 아니면 다 읽고 나서 정리한 다음에 인용하나요?'

때로는 이런 질문을 받기도 하는데 사실 어느 쪽이든 상관없습니다.

단, 책을 모두 읽고 난 다음에 한 차례 정리하는 과정을 거쳐 인용할 사람은 인용하고 싶은 부분을 확실히 기억해둘 필요가 있습니다. 나중에 그 부분을 찾아내기 위해 시간을 헛되이 사용해서는 애써 독서 속도를 올려놓은 의미가 없습니다. 저는 읽으면서 마음에 드는 구절을 계속 옮겨 쓰는 방식을 택하고 있습니다.

A4 용지를 준비하여 마음에 드는 구절을 계속해서 옮겨 씁니다. 절대 잊고 싶지 않은 문장을 만났다면 서두에 페이지 수를 기재하면서 계속해서 본문을 저장해나갑니다. 다시 인용할 때는 단락 전체가 아닌 가능한 한 짧게 몇 줄로 정리한 분량이 좋습니다.

이것을 저는 '한 줄 샘플링'이라고 이름 붙였습니다. 힙합이나 R&B, 전자음악 등에 해박한 사람은 알고 있겠지만 이런 장르에서는 과거에 존재했던 음악의 단편(샘플)을 조합하여 새로운 곡을 만들어냅니다. 책을 읽으면서 짧은 인용문을 써두는 것은 흡사 이 샘플링(단편 모음) 작업에 가깝다고 할 수 있습니다.

A4 용지에 책 요약집을 만든다

책을 읽으면서 발췌해둔 인용 목록이야말로 '그 책을 읽으면서 자신이 들이쉬고 내쉰 모든 것'입니다.

저도 책을 읽어오면서 상당한 인용 목록을 쌓았지만 서평을 쓸 때는 그것들을 전부 활용하지는 않습니다. 활용은 고사하고 실제로 집필할 때는 인용해둔 구절의 대부분은 날려 버립니다. 엄선된 인용 구절만이 서평에 반영됩니다.

하지만 설령 서평에 채택되지 않더라도 인용해둔 구절은 간접적으로 독서 체험에 반영됩니다. 옮겨 쓰는 행위를 통해 저자의 사고나 주장이 보다 선명하게 드러나기 때문입니다.

책을 읽는 도중이나 책을 다 읽은 후에 A4 용지에 한 줄 샘플링을 했다면 반드시 다시 한 번 그 인용 목록을 꼼꼼히 읽어보기 바랍니다. 이 목록은 말하자면 한 장의 음반에서 자신의 마음을 움직인 파트만을 이어서 모은 '리믹스 음원' 같은 것이라 할 수 있습니다. 이로 인해 독서의 즐거움은 배가 됩니다.

최고의 문장을 골라내는
한 줄 에센스

독서의 신은 단 한 문장에 깃든다

저는 와니북스의 〈와니북아웃〉이라는 사이트에 '신은 한 문
장에 깃든다'라는 연재를 하고 있습니다. 매회 책 한 권을 선택
하여 인상적이었던 한 문장을 추출해내는 기획입니다. 어떤 책
이든 인상적인 부분은 있기 마련이지만, 여기서는 어떠한 형태
로든 저의 감각을 자극한 한 문장을 추출해내고 있습니다.

글 쓰는 사람으로서 이 시도에 매력을 느낀 이유는 '한 줄로
만나는 멋스러움'을 새삼 의식할 수 있기 때문입니다. 업무상 매
일 다양한 책을 계속 읽다 보면 나도 모르는 새 독서의 고마움을

망각해버리기도 합니다. 하지만 실상 책 읽기의 묘미란 '그 한 줄'과 만나는 데 있습니다.

그렇게 마음에 와 닿는 부분이 사람에 따라 각기 다르다는 점 또한 흥미롭습니다. 저자의 의도와 독자의 취향이 맞아 떨어질 때가 있는가 하면, 저자는 생각지도 못했던 점이 독자에게 감흥을 주기도 합니다. 작품이 '홀로 걷는다'는 말은 바로 이런 상태를 의미하는데, 그렇기 때문에 의외로 '그 한 줄과의 만남'이 즐거워집니다.

책을 읽으면서 인용 목록을 만들고, 다 읽은 다음 다시 그 목록을 훑어 그 중에서 '가장 멋지다고 생각되는 인용'을 하나만 고르도록 합니다.

바로 '내가 이 책을 읽은 모든 가치는 이 한 줄에 집약되어 있다'고 말할 수 있는 부분입니다. 그러고 나서 한 줄 샘플링 목록 중에서 '이거다!' 싶은 한 줄을 고르고 골라 거기에 표시를 합니다. 이 한 줄 인용을 저는 '한 줄 에센스'라고 부릅니다.

독서는 보물찾기

가치 있는 한 줄을 의식하면서 읽으면 독서에 대한 부정적인 감정을 해소하는 효과도 얻을 수 있습니다.

▌독서가 주는 상쾌한 즐거움

독서를 귀찮고 힘들다고 생각하는 사람은 '책에 적힌 문자는 하나도 빠트리지 않고 눈으로 쫓아가며 내용을 음미해야만 한 권의 책을 읽었다고 할 수 있다'는 고정관념이 있습니다. 따라서 독서를 하나의 작업으로 생각합니다.

그러나 '한 줄'을 찾으면서 읽게 되면 거기에는 오직 모험만이 존재합니다. 만약 여러분이 무인도에 숨겨진 보물을 찾아 나섰다면, 그 섬의 모든 좌표를 일일이 다 찾아다니며 파헤칠까요?

아마 그런 헛된 일은 하지 않을 것입니다. 분명 다양한 수단을 동원하여 가능한 한 최단 루트를 통해 보물이 있는 곳에 이르려고 할 것입니다. 물론 보물을 발견하기까지의 과정도 즐거움의 일부이기에 힘들다는 생각도 하지 않을 것입니다. 독서를 할 때는 그 책의 내용은 물론이거니와 독서라는 행위의 어딘가에서 상쾌한 즐거움을 찾도록 합니다.

책을 펼치는 즐거운 감각을 먼저 느낄 수 있다면, 좀 더 빨리 느리게 읽는 상태에서 빠져나올 수 있습니다.

책 한 권을 압축하는
한 줄 리뷰

최고의 문장에 마음이 움직인 이유를 기록한다

앞서, 독서를 호흡에 빗대어, 읽는(들이쉬는) 것만이 아니라 쓰는(내쉬는) 것도 중요하다는 말을 했습니다. 이 '호흡으로서의 독서'에서 누구나 할 수 있는 간단한 행위가 숨을 내쉬는 '인용'입니다.

사실 웹에 매일 서평을 쓰는 사람으로서 여러분에게 한걸음 더 나아가 권하고 싶은 게 있습니다. 바로 '한 줄 리뷰'입니다. 문자 그대로 '한 줄 리뷰' 즉, 감상문을 쓰는 습관을 들이는 것입니다.

'읽기도 벅찬데 어떻게 리뷰까지 쓰겠어?'

이렇게 생각하는 분도 계실지 모르지만 가능한 한 책을 단시간에 읽고 거기에서 필요한 정보를 효과적으로 추출하고자 할 때 이 방법은 대단히 효과적입니다.

이 '한 줄 리뷰'는 '왜 이 한 줄에 감동했는가?' 하는 관점에서 한마디를 기록하기만 하면 됩니다.

책을 읽은 직후에는 당연히 그 부분을 왜 멋지다고 생각했는지 기억하고 있지만 시간이 경과하면 마음이 움직인 이유를 잊어버리게 됩니다. 그렇게 되면 인용의 의미도 깡그리 사라지고 맙니다. 그렇게 되지 않도록 감동한 이유도 함께 써두는 것이 좋습니다.

한 권의 기억을 되살리는 방법

거듭 말하지만 책에 쓰인 모든 내용을 기억하기란 불가능합니다.

형광펜이나 연필로 줄을 긋더라도 생각만큼의 효과는 기대할 수 없습니다. 저 역시 책장 한 귀퉁이를 접거나 포스트잇을 붙여두기도 합니다. 하지만 시간이 지나면 어떤 의도로 그 페이지를 접어놨는지 생각나지 않을 때가 많아 그리 좋은 방법이라고는 할 수 없습니다.

하지만 '한 줄 리뷰'는 글자 수가 한정되어 있어 나중에 훑어 보기만 해도 한 눈에 '읽었을 당시의 느낌'이 되살아납니다.

한 줄 샘플링 노트와는 다른 노트나 수첩에 날짜, 책 제목, 저자명을 적은 후, 먼저 한 줄 에센스를 쓰고 그 아래에 30~40자 정도로 한 줄 리뷰를 씁니다.

'제대로 된 장문의 리뷰가 아니면 의미가 없지 않을까?'

이런 생각을 하고 계시지는 않나요? 앞으로 여러분은 느리게 읽는 상태에서 벗어나 방대한 양의 책을 읽어나가야 합니다. 따라서 리뷰는 한 줄이라도 상관없습니다.

하루 한 권의 속도로 읽는다면 1년 후에는 리뷰만으로도 300줄이 넘는 분량이 됩니다. 나중에 다시 펼쳐볼 때를 생각해도 인용과 리뷰가 각각 딱 한 줄로 간결하게 정리되어 있으면 훨씬 기억을 되살리기 쉽습니다.

자신의 독서 생활에
점수를 매겨본다

📖

자신의 독서 성향을 파악하자

축적된 한 줄 리뷰는 각각 다른 책에 대한 감상문이므로 문장
끼리 서로 연관성은 없습니다. 그러나 '자신의 감성'으로 선택한
책인 이상, 분명 거기에는 어떤 스토리가 생겼을 것입니다. 또한
과거에 선택한 책을 확인하는 색인으로서도 더 없이 소중한 자
료가 됩니다. 축적된 독서 실적을 재확인하는 의미에서 열두 권
의 리뷰가 쌓일 때마다 인용과 감상을 읽어봅니다.

• 나는 어떤 책에 자극을 받는 편인가?

- 나는 어떤 사고방식을 좋아하는가?
- 나는 앞으로 어떤 책을 읽고 싶은가?

이런 시점에서 자신의 독서 경향을 규명하면 다음에 읽을 책의 지침을 세울 수도 있고 자신의 사고방식 등을 재확인할 수도 있습니다. 무엇보다 이러한 작업을 통해 나에게 더 잘 맞는 그리고 필요한 도서를 찾을 수 있게 되기 때문에 결과적으로 독서습관을 지속하기가 수월해지는 효과가 있습니다.

정기적으로 최고의 책을 선정하자

마지막에는 열두 권 중에서 '최고'라고 말할 수 있는 한 권을 골라봅니다. 1년이 다 될 무렵에는 다시 거기에서 '베스트 오브 베스트' 한 권을 골라봅니다.

독서를 습관화하려면 자신이 책을 읽고 맛본 감동을 잊지 않도록 하는 것이 중요합니다. 자신의 마음이 움직인 책을 정기적으로 선정하는 작업을 독서습관의 틀 속에 짜 넣습니다.

'그래. 이 책은 정말 좋았어!'라고 몇 번씩 돌아보는 과정을 통해 자신의 독서 편력 자체가 하나의 스토리로 완성되어 가는 귀중한 체험을 할 수 있습니다.

▋ 한 줄 리뷰가 열두 권이 쌓였다면

① A5 용지에 '날짜, 책 제목', '가장 마음에 들었던 한 문장', '한 줄 감상(30~40자 정도)'을 적어둔다.

② 한 페이지에 여섯 권 분량, 보고 들은 것도 포함하여 열두 권 분량의 리뷰가 쌓인다.

③ 그중에서 가장 좋았던 한 권을 골라 별표를 한다.

인용의 효과를 두 배로 높이는
마법의 손글씨

왜 손으로 기록해야 할까

저는 서평을 쓸 때 한 줄 샘플링에 해당하는 인용 목록은 손글씨가 아닌 컴퓨터 키보드를 두드려 텍스트 파일로 정리합니다. 저의 경우 텍스트를 서평 원고로 사용하기 때문에 처음부터 디지털 형태로 정리하는 게 훨씬 편리합니다.

하지만 독자 여러분에게는 '종이'에 손으로 쓰기를 권합니다. 성가시다 싶겠지만 거기에는 세 가지 이유가 있습니다.

① 내용을 확실히 이해할 수 있다.

손을 움직여 필기하는 동안 저자의 말을 보다 지긋이 음미하는 시간이 생기기 때문입니다. 단 여기에는 개인차와 세대차가 있을 수 있다는 점에 유의하시기 바랍니다.

② 필요한 부분만 인용하게 된다.

사실 더 중요한 대목이 바로 이 부분입니다. '손으로 쓰는 일'은 정말 성가시기 때문에 '꼭 인용하고 싶은 부분'만 옮겨 쓰게 된다는 것입니다. 키보드라면 사람에 따라서는 지극히 짧은 시간에 상당한 분량의 문자를 입력할 수 있습니다. 굳이 손 글씨를 고집하는 이유는 '일부러 옮겨 쓸 만큼 가치가 있을까?'라고 생각할 계기를 만들기 위한 것입니다.

키보드를 사용하면 이것저것 다 인용하고 싶어져 목록이 방대해질 수밖에 없습니다. 따라서 손글씨는 '정말로 마음이 움직였던 부분'만 인용하도록 스스로에게 임무를 내리게 됩니다.

③ 성취 상황이 한 눈에 들어온다.

한 줄 샘플링 용지나 한 줄 리뷰 노트가 점점 늘어갈 때 느끼는 성취감은 독서를 습관화하는 데 있어 빼놓을 수 없습니다. 종이는 그 성취 상황을 시각적으로 확인하기 쉽습니다. 따라서 플로우 리딩을 처음 실천하는 사람이라면 꼭 손글씨에 도전해보기 바랍니다.

손글씨를 쓸 때 필기도구는 자신이 사용하기 편한 게 가장 좋지만 개인적으로는 매끈하게 써지는 펜을 좋아합니다. 한 줄 샘플링 용지는 통상 A4 사이즈의 복사 용지 정도면 됩니다. 자신의 독서 체험을 가시화하고 점검하는 기회로 삼을 수 있는 만큼 한 줄 에센스와 한 줄 리뷰를 쓰는 노트나 수첩만큼은 조금 까다롭게 고르도록 합시다.

저는 A5 사이즈의 수첩을 요 몇 년째 쭉 사용하고 있습니다. 큼직해서 사용하기에 굉장히 편리합니다. 리뷰를 적어두는 노트나 수첩은 어느 정도 크기가 큰 제품을 사용하는 것을 권합니다.

쓰면서 읽어야 빠르고
깊게 읽을 수 있다

소유하지 않는 시대의 독서법

소유를 둘러싼 가치관이 급격히 변화하고 있습니다. 이런 변화에 발맞춰 곳곳에서 소유하고 있는 물건을 가능한 한 줄이는 라이프 스타일이 제창되고 있습니다.

자동차를 예로 들어봅시다. 이전이라면 비싼 유지비와 주차비가 드는 자동차를 누구나 소유하고 있었습니다. 그러나 지금은 젊은 세대를 중심으로 자동차를 갖지 않는 사람이 늘어나고 있습니다. 주말에만 사용하기 때문에 일시적으로 자동차를 사용할 수 있는 환경(렌털이나 카셰어링)만 갖춰지면 충분하다고 생각합니다. '소유하는 것에서 사용하는 것'으로 사고방식이 옮겨 가고 있는 것이지요.

'책의 내용을 전부 내 것으로 만들자!'라는 사고방식은 오래된 소유 개념의 연장선상에 있는 듯합니다. 물건이 넘쳐나는 세상에서 사람들의 가치관이 소유에서 벗어나고 있는 것처럼, 다양한 웹 미디어가 침투하여 정보로 넘쳐나는 상황 아래에서 모든 정보를 소유하려면 무리가 따릅니다.

책이나 지식 역시 정말 가까이에 두고 싶은 것만 남기고 그 외에는 남겨두지 않는 게 당연시되고 있습니다. 따라서 필요한 것과 필요하지 않은 것을 구분하는 '취사선택'이 매우 중요한 의미를 갖습니다. 그것이 현대사회이므로 독자 여러분도 책을 읽을 때는 필요한 부분만 읽는다는 사고의 전환이 필요합니다.

넘겨 읽기의 기술

쓰는 것(인용)을 전제로 읽으면 정독에 얽매이지 않게 되는 것 이외에 또 한 가지 중요한 이점을 얻을 수 있습니다. 의도적으로 글의 핵심과 요지를 파악하고자 노력하게 된다는 것입니다.

실제로 저는 서평을 쓸 책을 읽을 때 어느 부분을 서평에 인용할지를 항상 염두에 두고 있습니다. 이처럼 내게 필요한 지점을 정해두면 중요한 부분과 그렇지 않은 부분을 구별하는 기준이 생깁니다. 중요하지 않은 부분을 알 수 있다면 그 부분을 넘겨 읽게 되므로 당연히 한 권을 읽는 속도가 월등히 빨라집니다.

지금까지 책을 읽을 때의 마음가짐이나 독서를 습관화하는 방법, 그리고 읽고 나서 해야 할 일들에 관해 이야기했습니다. 그런 것 말고 빨리 책을 읽을 수 있는 테크닉을 가르쳐달라는 분도 계실 수도 있습니다. 하지만 지금까지 전한 사고방식이나 습관을 익히기만 해도 빨리 읽기 위한 준비는 대략 갖춰졌다고 볼 수 있습니다. 이 말은 책을 빨리 읽는데 기술적인 부분이 전혀 필요하지 않다는 말이 아닙니다. 몇 가지 요령은 분명히 있습니다.

다음 장에서는 플로우 리딩의 기술적인 면에 대해 설명하도록 하겠습니다.

▌소유하지 않는 시대의 사고 전환

정말 가까이에 두고 싶은 것만 남기고
그 외에는 남겨두지 않는다.
마찬가지로 책을 읽을 때도 취사선택이 필요하다.

4장 어떻게 빨리 읽을 것인가

술술 읽으면서도 요점을 파악하는 키워드 독서법

"점을 찍으면 그 점들이 눈에 보이지 않는 선으로 연결되듯
일부를 넘겨 읽어도 전체적인 내용을 파악할 수 있습니다."

술술 읽는 사람은
책의 어디에 집중하는가

소제목 단위로 넘겨 읽는다

3장의 마지막에서 다룬 '넘겨 읽기'는 책을 빨리 읽을 때의 중요한 포인트입니다. 그 방법 또한 다양하지만 소제목을 얼마나 능숙하게 활용할 수 있느냐에 큰 갈림길이 있습니다. 소제목만 보고 읽을지 말지를 판단하는 것입니다. 아주 단순하지만 사실 이는 매우 중요한 지점입니다.

책의 각 장은 대부분의 경우 여러 개의 '중제목'으로 나눠져 있습니다. 또한 각 중제목 부분이 '소제목'으로 세분화되어 있는 경우도 있습니다. 말할 것도 없이 소제목은 그 단위의 핵심을 단

▌플로우 리딩의 기본 사고

C와 E를 넘겨 읽어도 연결은 파악할 수 있다!

적으로 나타냅니다. 여기에는 이런 내용이 쓰여 있음을 전하기 위한 것이므로, 소제목을 보고 필요하지 않다거나 읽고 싶지 않다고 느끼면 주저 없이 넘겨버리면 됩니다.

'이렇게 넘겨버리면 흐름이 끊기지 않을까?'

그런 불안한 마음이 드는 것도 이해할 수 있습니다. 하지만 사실상 정독할 필요가 있는 책이 아니라면 불필요한 부분을 조금 넘겨 읽었다고 해서 내용을 이해하지 못하는 일은 거의 없습니다.

넘겨 읽어도 연결은 보인다

경제경영서나 자기계발서 등은 특히 넘겨 읽어도 내용을 이해하는 데 큰 지장이 없습니다. 여기에는 그럴 만한 이유가 있습니다. 원래 경제경영서나 자기계발서는 단시간에 쓱 읽을 수 있도록 만들어졌기 때문입니다.

필요한 점만 꼭꼭 찍어가면 그 점들은 결국 눈에 보이지 않는 선으로 연결되기 마련입니다. 'A~B~D~F' 하는 식으로 C와 E를 넘겨 읽었다고 해서 전체적인 내용을 파악하기 어려울 일은 일단 없습니다.

소제목을 읽고 필요한 부분과 필요하지 않은 부분을 취사선택해 나가면 보다 단시간에 요점만을 추출해낼 수 있습니다. 자신에게 불필요한 부분은 철저히 도려내어 본질만 부각된 상태를 만듭니다. 이것이 플로우 리딩의 기본적인 사고방식이라고 할 수 있습니다.

필요한 부분만을 골라내는
구체적인 요령

넘겨 읽을 포인트를 찾는 세 가지 기준

그렇다면 넘겨 읽어도 좋은 부분이란 어디일까요?

저는 '넘겨 읽어도 좋은 부분'을 찾을 때 기본적으로 다음 세 가지 기준을 활용합니다. 여기서부터 그 세 가지에 관해 살펴보도록 합시다.

① 상품 차별화를 위해 삽입된 저자의 이야기

경제경영서나 자기계발서에는 필요 이상으로 저자의 이야기가 많이 들어 있는 경우가 있습니다. 이는 반드시 저자에게 자랑거리가 많아서만은 아닙니다. 비슷한 주제나 장르의 서적이 많은 시장에서 '이 책은 이런 점이 다른 책과 다르다'는 것을 어필하기 위해 저자 자신의 이야기를 하는 경우가 많습니다.

문제는 그것이 바쁜 독자에게 반드시 필요한 정보가 아니라는 점입니다. 예를 들어, '나에게는 이런 과거가 있었기에 지금 이 자리에 이르렀다'는 과정상의 기술이 독자에게 유익한 정보를 전달한다면 괜찮지만, 많은 경제경영서와 자기계발서를 읽어온 저의 경험에 비춰보면 그런 경우는 지극히 적습니다.

대부분은 유사도서와의 차별성을 독자에게 어필하기 위한 이른바 '팔기 위한 정보'라고 할 수 있습니다. 경우에 따라서는 저자의 '자기 현시욕'을 채우기 위한 수단으로 쓰이기도 합니다.

이런 식의 저자 자신의 이야기는 독서 시간을 줄이고자 할 때 적극적으로 넘겨 읽어야 할 포인트입니다. 다만, 다른 책과의 차별 포인트가 될 수는 있기 때문에 서점에서 책을 고를 때 참고할 만한 가치가 있습니다.

② 이론이나 주장을 뒷받침하는 개별 사례나 체험담

경제경영서나 자기계발서는 이론이나 주장을 뒷받침하기 위해 실제 사례나 체험담 등을 인용하는 경우가 많습니다. 일반적으로 '이론 → 사례 → 정리'의 흐름을 보입니다. 먼저 틀을 제시하고 그것을 보강할 만한 실례를 소개하고 마지막에 한 번 더 골자가 되는 이론이나 주장을 정리합니다.

그렇다면, 사례 부분은 넘어가고 정리 부분만 읽어도 충분히 내용을 이해할 수 있지 않을까요? 체험담은 주장을 설득하기 위한 재료로서 준비한 것이니 실제로는 그냥 넘어가도 저자의 의도를 이해하는 데 문제가 없습니다. 저 역시 사례나 체험담이 너무 길 때는 계속 넘기면서 읽습니다.

단, 이런 종류의 사례가 전부 가치가 없다는 말은 아니니 오해는 없으셨으면 합니다. 사례와 같이 어느 정도 정리된 요소는 일반적으로 넘겨 읽어도 무방하다는 말입니다. 다시 말하자면 넘겨 읽어도 전후가 이어진다는 것이지 콘텐츠로서의 가치가 전혀 없다는 뜻이 아닙니다.

③ 기대나 위기를 부추기는 너무 과장된 표현

뭔가를 얻을 목적으로 책을 읽는 사람이라면 눈여겨봐야 할 지점입니다. 독자의 감정을 부추기기 위해 쓰인 부분은 항상 그냥 훑어보는 정도로 충분합니다.

'이 책을 다 읽었을 때 당신의 인생은 극적으로 변해 있을 것이다.' 이 같은 내용이 쓰여 있는 책은 대부분의 경우 인생을 극적으로 변화시켜 주지 않습니다. 뜬구름 잡는 이야기를 계속 하는 책을 저는 별로 신뢰하지 않습니다.

하지만 이는 개인적 견해이니 아무쪼록 참고만 해주셨으면 합니다.

빠르게 읽기 위한 네 가지 단계

경우에 따라서는 이 책 또한 '넘겨 읽어도 될 부분'이 많을 것입니다. 물론 저자 입장에서는 어느 한 부분도 빼놓을 수 없을 만큼 중요하다고 생각하기에 내심 다 읽어주기를 바랍니다.

하지만 독서에서는 독자가 주인공이란 사실을 잊어서는 안 됩니다. 어떤 책을 읽든 '중요한 말을 한마디도 놓쳐서는 안 된다'는 마음가짐이 아니라 좀 더 자유롭게 자기 식으로 책과 마주하기 바랍니다.

그럼 지금부터 실제 독서 프로세스에 따라 독서 속도를 높이기 위한 방법을 소개하도록 하겠습니다. 여기에는 네 가지 단계가 있습니다.

- 1단계: 머리말과 차례를 잘 읽는다.

- 2단계: 처음과 마지막 다섯 줄만 읽는다.

- 3단계: 키워드를 정해 읽는다.

- 4단계: 두 가지 이상의 독서 리듬으로 읽는다.

처음부터 이것을 모두 실천하지 않아도 괜찮습니다. 우선 어느 것이든 좋으니 하나라도 꼭 참고해서 시도하는 것이 중요합니다.

독서 속도의 90퍼센트는
머리말에서 결정된다

독서의 흐름을 결정하는 머리말

책을 펼치면 맨 먼저 '머리말'과 '차례'가 등장합니다.

이 머리말과 차례를 활용하는 것이야말로 시간 낭비 없는 경쾌한 독서 체험을 가능하게 하는 철칙입니다. 말할 것도 없이 머리말은 그 책의 목적이나 요약 등이 적힌 도입 부분입니다. 어떤 문체로 쓰인 책이며 무엇을 목표로 하는 책인지 그 전체적인 흐름을 잡는 데 머리말은 결정적으로 중요한 역할을 합니다.

많은 분들이 이미 그렇게 하고 있겠지만, 서점에서 책을 사기 전에는 꼭 머리말을 눈으로 한 번 훑어보기 바랍니다. 인터넷 서점의 미리보기에도 머리말을 읽을 수 있도록 해놓은 책이 많습니다.

머리말만 읽어봐도 그 책이 자신에게 필요한지 어떤지를 대략 판단할 수 있습니다. 그 결과 자신의 생각과 조금 다르다 싶으면 그만 읽으면 되고 반대로 조금이라도 마음이 움직였다면 읽어볼 만합니다.

저자도 머리말이 매력적이면 독자가 그 책을 선택할 확률이 높아진다는 점을 간파하고 있습니다. 따라서 저자는 이 '머리말'이 독자의 마음을 움직일 수 있도록 혼신의 노력을 기울이고 있습니다.

차례는 정독할 만한 가치가 있다

물론 머리말을 읽는다고 100퍼센트 올바른 판단으로 이어지는 것은 아닙니다. 개인적으로는 읽어야 할지 읽지 말아야 할지 주저하는 마음이 생긴다면, 전혀 마음에 들지 않는 것은 아니라고 생각하므로 우선 읽어보기를 권합니다.

하지만 이는 곧 그 책에는 읽고 싶지 않은 부분이 포함되어 있을 가능성도 있다는 말이기도 합니다. 그럴 때는 그 부분은 넘겨 읽으면 보다 쾌적한 독서를 할 수 있습니다.

이제 차례에 대해 말해봅시다. 차례는 그 책의 구성을 파악하기 위한 지도이므로 차례를 통해 자신에게 필요한 부분을 짐작하고 가늠할 수 있습니다.

또한 차례를 통해 책의 전체 흐름을 파악할 수도 있습니다. 저자나 편집자가 최적이라고 판단한 순서로 구성되어 있으므로 그 흐름만 파악해도 많은 것을 얻을 수 있습니다. 좋은 책의 정의는 사람마다 다르겠지만 '기능성이 뛰어난 책'은 분명 존재하며, 그런 책의 조건 중 하나로 '빼어난 차례'를 들 수 있습니다.

차례만 읽었을 뿐인데 다양한 정보가 머릿속에 흘러들어 마음이 설렌 책을 만난 경험이 있지는 않으신가요? 차례만큼은 여유를 갖고 지긋이 정독하기 바랍니다.

다섯 줄만으로
전체를 파악하는 비법

차례의 구조를 파악하면 넘겨 읽을 단위가 결정된다

넘겨 읽어도 되는 부분을 판단하는 세 가지 기준 중 두 번째와도 관련이 있지만, 넘겨 읽기의 효과를 최대화하려면 본문의 구조를 잘 활용해야 합니다.

책의 본문은 기본적으로 다음과 같은 구조로 이뤄져 있습니다.

1. 장
   1) 절
      • 항

물론 모든 책이 여기에 해당되는 것은 아닙니다. '장'보다 위 단계로 '1부', '2부'로 나뉘어져 있는 책도 있고 '항'에 해당하는 제목이 아예 없는 경우도 있습니다.

어떤 책이든 본문을 읽기 전에 차례를 확인하고 책 전체를 훑어보며 그 책이 어떤 구조로 이뤄졌는지 확인해야 합니다. 그런 다음 책을 어떤 단위로 읽을지 정합니다. 한 단위는 최대 20페이지 정도가 바람직합니다. 지금 읽고 계신 이 책과 같은 구성의 책이라면 각 '절'의 제목별로 읽어가면 됩니다.

망설여진다면 처음과 마지막 다섯 줄만 읽어라

그 다음에 할 일은 아주 간단합니다.

각 단위의 '첫 다섯 줄'과 '마지막 다섯 줄'만 읽는 것입니다. 기계적으로 이렇게 읽기만 해도 상당한 시간이 단축 가능합니다. 머리말이나 차례를 읽어도 어디가 중요한지 잘 모를 때는 이 방법을 적극적으로 시도해봅시다.

책의 유형에 따라 다르겠지만 이런 식으로 책을 읽어도 대충 어떤 내용인지 파악할 수 있습니다. 이것이 가능한 이유는 얼마든지 있겠지만, 다음 두 가지 이유가 크지 않을까 생각합니다.

첫째, 인간의 뇌는 참으로 신기하여 빠진 부분을 자동으로 보충하려 하기 때문입니다. 'A → C'의 순서로 읽으면 '아마 그 사이에는 B가 쓰여 있을 것'이라는 식으로 머리가 멋대로 예측하려 할 것입니다.

물론 예측이니만큼 빗나가는 경우도 있겠지만 그리 걱정할 필요는 없습니다. 왜일까요? 그것은 다음 이유와도 연관이 있습니다. 경제경영서나 자기계발서 등 뭔가를 해설하는 콘텐츠는 많든 적든 다음과 같은 형태를 취합니다.

- 초반: 테마나 주장을 제시
- 중반: 테마를 전개시킬 사례, 주장을 뒷받침할 근거
- 종반: 사례나 근거를 바탕으로 다시 한 번 테마와 주장을 확인

각 단위의 서두는 대략 거기에서 전개될 테마나 주장을 해설하는 것으로 시작합니다. 앞으로 어떤 화제가 등장할지, 무엇을 말하려고 하는지 등이 간결하게 나타나 있습니다. 물론 길고 짧음은 있지만 여기에 할애되는 글은 대략 다섯 줄 전후가 아닐까요?

그렇다면 ○○문제를 해결할 방안은 무엇인가? 이에 관해서는 몇 가지 방안을 생각할 수 있는데 가장 적합하다고 생각되는 것은 △

△이다.

이런 식으로 말문을 열면서 그 다음에 '△△라는 기법'을 도입하고 있는 사람이나 기업 등의 사례가 이어진다고 해봅시다.

대부분의 경우, 각 단위의 마지막은 단순히 실제 사례의 소개로 끝나지 않고 한 번 더 저자가 하고 싶은 말이 반복됩니다.

앞서 든 사례와 같이 이러한 문제를 해결하기 위해 대기업 A사, 중소기업 B사, 운송회사 C사 등 각 업계의 대표 주자들이 △△기법을 도입하고 있다.

이렇듯 중반에 삽입된 사례를 전혀 읽지 않고 건너뛰어도 저자가 이 책에서 말하고자 하는 것은 'ㅇㅇ라는 문제를 해결하려면 △△기법이 가장 일반적'이라는 주장을 이해할 수 있습니다.

또한 각 문단의 마지막에는 다음 문단에서 말하고자 하는 내용을 미리 소개하고 있는 경우가 많습니다. 따라서 다음 문단의 초반을 훑어보기만 해도 비교적 용이하게 책의 전체적인 흐름을 잡을 수 있습니다.

일직선으로 읽는 것만이 올바른 독서는 아니다

문맥이 명료하게 이어지지 않을 때는 중반을 훑어보도록 합시다.

중반을 훑은 후 다시 초반, 종반의 각각 다섯 줄을 확인해보면 그 단위가 자신에게 필요한지 어떤지를 판단할 수 있을 것입니다. 각각 다섯 줄을 읽고 '여기는 중요한 부분'이라고 느꼈다면 다시 한 번 그 단위의 서두부터 꼼꼼히 읽습니다. 이것이 넘겨 읽기의 두 번째 비법입니다.

책은 선으로 읽히는 것을 전제로 하는 콘텐츠이지만 반드시 일직선으로 읽을 필요는 없습니다. 빨리 읽고 싶은 사람은 초반, 중반, 후반이 아니라 초반, 후반으로 읽어도 상관없습니다. 그래야 자신에게 필요하지 않은 독서 시간을 단축함과 동시에 가치 있는 부분을 건너뛰게 되는 리스크도 피할 수 있습니다.

▌처음과 끝으로 책 전체의 흐름을 파악한다

책의 한 챕터를 기린에 비유하면

중간이 가려져 있어도 기린임을 알 수 있다!

공들여 읽을 부분을
쉽게 찾아내는 방법

목적이 명확하면 책 읽기가 쉬워진다

책을 읽어야 한다는 것은 잘 알지만 200페이지나 300페이지에 이르는 책을 눈앞에 두면 자꾸 다음으로 미루게 되지 않나요? 아마 이런 문제를 안고 계신 분도 많을 것입니다. 지금껏 매일 책을 읽으며 서평을 쓰고 있지만 예전의 저 역시 그런 고민을 갖고 있었기에 그 심정은 충분히 이해할 수 있습니다.

책 읽기를 업으로 삼고부터, 책을 가볍게 펼치거나 부담 없이 읽지 못하는 것은 그 책을 통해 얻고 싶은 게 무엇인지 확실히 정해놓지 않았기 때문이라는 사실을 깨달았습니다. 경제경영서

같은 경우에는 특히 그것이 큰 의미를 갖습니다.

'아직 읽지도 않았는데 무엇을 얻고 싶은지 어떻게 알아?'

그렇게 생각하시나요? 그렇다면 여러분은 왜 무엇이 쓰여 있는지도 모르는 책을 읽으려고 하는 걸까요?

우리가 어떤 책을 손에 들었을 때는 반드시 가설이 존재합니다. 가설이라고 하면 너무 거창하게 느껴지니, '이 책의 내용은 이러이러할 것이다. 그러니 읽을 가치가 있다'고 하는 일종의 기대라고 해둡시다. 이런 식으로 무엇인가 가늠해보는 행위를 우리는 일상적으로 하고 있습니다.

저는 아날로그 레코드를 수집하고 있어서 자주 레코드 가게에 갑니다. 가게에는 엄청난 수의 레코드가 있지만 10분 정도 가게를 어슬렁거리며 선반을 훑어보면 상당히 높은 확률로 제가 원하는 레코드를 만날 수 있습니다.

만남이란 바로 이런 것입니다. 저는 절대 레코드 타이틀을 일일이 읽지 않습니다. 오히려 찾고 있던 레코드가 저쪽에서 저에게로 날아들었다고 표현하는 게 옳을 것입니다.

저에게 특별한 능력이 있다는 말을 하려는 게 아닙니다. 사람은 자신이 찾고 있는 게 명확하면 아무리 복잡한 정보 속에서도 특정한 정보를 건져 올릴 수 있습니다. 반대로 아무리 찾아도 보이지 않는 경우는 '연이 없다'고 생각합니다. 무언가를 찾는다는 것은 그런 것입니다.

책을 펼치기 전에는 분명한 목적이 필요합니다. 우리는 조사할 단어가 정해져 있기 때문에 사전을 펼치고, 알고 싶은 정보가 명확하기 때문에 인터넷을 검색합니다. 이와 마찬가지로 책을 읽을 때도 막연한 기대가 아닌 무엇을 얻고자 하는지를 확실하게 해야만 합니다.

얻고 싶은 정보가 저절로 흘러 들어오게 하는 방법

그럴 때 가장 추천하고 싶은 합리적인 방법이 '키워드 검색법'입니다. 놓치고 싶지 않은 '키워드'를 정하고 그 키워드를 검색하면서 넘겨 읽는 방법입니다.

키워드를 정한 순간 본문 중에는 중요한 부분과 그렇지 않은 부분의 차이가 생깁니다. 키워드와 연관성이 적은 부분은 계속해서 넘겨 읽고 키워드가 포함된 부분을 중심으로 '한 줄 샘플링'을 합니다.

저는 2015년 12월 10일자 〈라이프해커〉 공개 기사에서 《물욕 없는 세계》(헤이본사, 2015)를 다룬 적이 있습니다. 그 이유는 앞으로의 라이프 스타일에 관심이 높은 '라이프해커' 독자에게 유익한 정보라고 생각했기 때문입니다. 그래서 저는 '라이프 스타일'

과 관련한 몇 가지 단어를 키워드로 세워 그 책을 읽었습니다.

키워드를 의식하면서 책을 읽으면 관련 부분이 점차적으로 눈에 들어오게 됩니다. 지금 화제가 되고 있는 서드 웨이브 커피숍(커피콩의 산지를 중시하여 커피콩의 개성을 최대한 살리는 방법을 추구하는 새로운 커피 문화) 등에 관한 부분에는 당연히 라이프 스타일 관련 단어가 나오기 때문에 적어도 그 전후 부분을 읽으면 그것만으로 이 독서의 목적은 대부분 이룰 수 있습니다. 단, 서평을 쓸 때는 좀 더 전체적으로 훑어볼 필요가 있습니다.

키워드가 포함되어 있는 부분만으로는 원하는 내용을 알기 어려운 경우, 그 부분에서 앞 페이지를 거슬러 읽어보도록 합니다. 혹은 그 부분이 포함되어 있는 단위를 좀 더 상세하게 살펴보면 대략 내용을 파악할 수 있습니다. '모든 내용을 꼼꼼히 읽어야 한다'는 강박관념에서 빠져나오지 못하는 사람에게는 말도 안 되는 독서법으로 비칠지도 모릅니다.

물론 정독을 하면 모든 것을 흡수할 수 있는 사람, 천천히 읽을 시간이 충분한 사람은 지금까지와 같은 독서법을 고수하면 됩니다. 반면에 시간이 없어 책을 펼치기까지 심리적인 장애물이 높은 사람은 반드시 이 '키워드 검색'을 염두에 둡시다. 분명히 책 읽기가 상당히 수월해질 것입니다.

기어를 바꾸면서
속도의 완급을 조절한다

가장 편안한 독서 리듬을 찾는다

마지막은 좀 감각적인 이야기가 될 것 같습니다. 바로 '독서 리듬'에 관한 이야기입니다. 읽을 때의 리듬도 책 읽기가 어렵게 느껴지는 것에서 탈피하기 위한 '넘겨 읽기'에서는 중요한 역할을 합니다.

먼저 책을 읽을 때 자신이 가장 편하게 읽을 수 있는 일정한 리듬을 찾아내야 합니다. 이는 일상에서 독서 경험을 쌓아감에 따라 저절로 얻을 수 있으니 그리 어렵게 생각할 필요는 없습니다. 평소에 얼마나 의식하고 있느냐의 차이는 있겠지만 어느 정도 책을 읽어온 사람이라면 그런 리듬이 정해져 있을 것입니다. 그것이 바로 여러분의 기본 리듬입니다.

이 리듬이 빠른지 느린지는 별로 문제가 되지 않습니다. 느리게 읽는 사람의 문제점은 기본 리듬이 늦은 게 아니라, 줄곧 같은 리듬으로 책을 읽는다는 데 있습니다.

일정한 속도를 유지하며 책을 읽으려고 하면 아무래도 진도가 느리게 느껴집니다. 아무 것도 하지 않으며 기다리는 시간이 길게 느껴지는 것과 마찬가지로 속도가 단순할수록 그에 따른 초조함은 늘어나는 법입니다.

단조로운 리듬이 독서 속도를 느리게 한다

기본 리듬은 절대 느리지 않은데 왠지 자신이 느리게 읽는다고 느끼는 사람이 있습니다. 그 원흉은 바로 '단조로운 독서 리듬'에 있습니다. 교과서를 읽을 때처럼 같은 속도로 담담하게 눈으로 문자를 쫓고 있는 탓에 좀처럼 진도가 나가지 않는 것처럼 느껴지는 것입니다.

그런 사람은 완급 조절을 염두에 두고 읽어야 합니다. 좀 더 구체적으로 말하면, 두 가지 패턴 이상의 독서 리듬을 갖는 것이지요. 꼼꼼히 읽을 때의 기본 리듬만이 아니라 1.5배속의 '중속 모드', 2배속의 '고속 모드', 5배속의 '넘겨 읽기 모드'와 같이 여러 단계의 읽기 리듬을 마련해둡니다.

독서를 시작했다면 리듬의 '기어 체인지'를 의식하도록 합니다. '이 부분은 필요 없을 것 같으니 기어를 바꿔보자!' 혹은 '잠깐, 여기는 관련 키워드가 있을 것 같으니 중속 모드로 가자'는 식으로 자신의 리듬을 자각하면서 완급을 조절해가는 것입니다.

이렇게 책을 읽으면 독서 체험이 단조로워지는 것을 막고, 하염없이 느려지는 읽기 패턴에 빠지는 것을 막을 수 있습니다.

외우지 않아야
잊지 않는다

밑줄 긋기 독서는 그만둔다

지금까지 몇 가지 넘겨 읽기 기법에 대해 소개했습니다. 이런 포인트를 의식하면서 책을 읽으면 상당히 원활하게 페이지를 넘길 수 있습니다. 다만 이때 약간 마음에 걸리는 것이 3장에서 소개한 인용(필사)이라는 행위입니다.

책을 읽으면서 문장을 옮겨 쓰는 한 줄 샘플링 작업은 책 읽기를 중단시키는 요인이 되므로, 책을 빨리 읽는 사람일수록 이 과정이 성가시게 느껴질 수 있습니다. 실제로 대부분의 사람은 책 속에 마음에 드는 구절이 나와도 일부러 옮겨 쓰거나 하지 않습니다. 형광펜이나 연필로 밑줄을 긋거나 여백에 끄적이는 사람이 대부분입니다. 하지만 저는 독서를 할 때 이런 방법은 전혀 쓰지 않고 여러분에게도 권하지 않습니다. 그 이유는 다음과 같습니다.

먼저, 이것은 개인적인 취향의 문제이지만 책을 더럽히는 데 거부감이 있기 때문입니다. 줄곧 찾아왔던 책을 중고서점에서 우연히 발견하고는 집에 돌아와 설레는 마음으로 펼쳤는데 연필이나 펜으로 밑줄이 그어져 있거나 글이 쓰여 있으면 실망하게 되지 않나요. '우와! 전 주인은 이런 부분에 감동했구나!' 하는 생각이 들기보다는 오히려 그쪽 부분으로만 신경이 쏠려 다른 부분을 제대로 훑어보지 못하기 때문에 진정 나에게 가치 있는 문장을 찾아내는 데 방해가 됩니다.

밑줄을 긋는 행동 외에도 필요한 부분만 찢어서 보관하는 행동 역시 저의 감각으로는 도저히 믿기지 않습니다. 제 의견에 동의하는 분도 있겠지만, 이것은 개인의 성격이나 취향과 관련된 부분이므로 밑줄을 긋거나 글을 써넣지 말아야 할 이유로서는 조금 약할지도 모릅니다.

아무리 밑줄을 그어봐야 다시 보지 않는다

보다 중요한 이유가 또 한 가지 있습니다. 이 또한 단순합니다. 바로 무의미하기 때문입니다. 그뿐입니다.

중요하다고 생각되는 부분에 밑줄을 긋는 사람은 왜 그런 행동을 하는 것일까요?

이유는 다양하겠지만 크게 두 가지로 압축할 수 있습니다.

① 그 부분을 기억해두기 위해
② 그 부분을 나중에 다시 보기 위해

하지만 생각해봅시다. 그렇게 밑줄을 긋는 정도로 그 부분이 더 강하게 기억에 남을까요? 기억력이 뛰어난 사람이라면 그럴지도 모릅니다.

그러나 대부분의 사람은 밑줄을 긋는다는 사실에 안도하여 그 순간부터 내용을 잊어버리지 않을까요?

저 역시 독서법에 대해 고민하며 애타는 심정으로 '밑줄 긋기'를 하던 시기가 있었습니다. 확실히 밑줄을 그으며 책을 읽으면 뭔가 생산적인 행위를 한 듯한 기분이 듭니다. 다 읽은 책을 훌훌 펼칠 때 여기저기 그어진 밑줄을 보면 '그래, 잘 읽었구나!' 하는 신기한 만족감을 얻기도 합니다.

그렇지만 그것으로 끝입니다. 책에서 뭔가를 얻었다고 착각했던 것뿐입니다. 다음날에는 깡그리 기억의 저편으로 흘러가 있습니다.

기억하려고 하면 잊어버리게 된다

제가 제창한 플로우 리딩은 지식을 담아두는 스톡형 독서에 대한 반대 명제로서 독서의 과정을 즐기는 데 그 축을 두고 있습니다.

그렇다고 '책에서 아무 것도 얻지 못해도 좋다'는 주장을 펼치려는 것은 아닙니다. 책에서 얻을 수 있는 가치는 '자신의 머릿속'이 아니라 자신의 밖에 담아두는 것이 중요합니다. 그러기 위해 필요한 기술이 앞서 소개한 '한 줄 샘플링 → 에센스 → 리뷰'의 세 가지 단계였습니다.

지식을 담기 위해 밑줄을 그으면서 책을 읽는 사람은 두 가지 의미에서 독서에 실패했다고 할 수 있습니다.

먼저 하나는 읽는 과정 자체가 스트레스로 가득한 시간이 되어버리는 데 있습니다. 이는 플로우 리딩을 소개하면서 이야기한 바 있습니다.

또 한 가지는 독서에서 얻을 수 있는 것을 저장하여 상하게 하기 때문입니다. 아무리 밑줄을 그어도 책의 가치는 바깥 세계로 나올 수 없습니다. 책 속에 잠든 그대로입니다. 책을 덮고 책장에 넣은 순간 그 독서체험은 없었던 것이 되고 맙니다. 너무 아깝다는 생각이 들지 않으시나요?

따라서 저 같은 평범한 사람이 책의 가치를 자신의 것으로 하려면 일단 하나로 정리하여 기록하는 방법밖에 없습니다. 이런 식으로 책의 에센스를 추출하여 외부로 끌어내지 않는 한, 독서는 정말 가치 없는 시간이 되어버립니다.

지금까지 느리게 읽는 상태에서 벗어나기 위한 다양한 독서법을 소개해왔습니다. 여러분이 얼른 이 방법을 실천하여 그 효과를 실감하시기를 바랍니다.

반면에 많은 양의 책을 읽을 수 있는 상태가 습관화되면, 그것은 그것대로 또 곤란한 일이 따르기 마련입니다. 저는 서평가가 되고 나서 크게 다음의 세 가지 문제에 직면했습니다.

① 읽을 책을 어떻게 고를 것인가
② 읽을 책을 어떻게 입수할 것인가
③ 다 읽은 책을 어떻게 관리할 것인가

다음 장에서는 이 문제에 대한 해결책을 소개하도록 하겠습니다.

'아직 플로우 리딩을 실천조차 하지 못했는데 성질이 급하군!'

이렇게 생각하는 분이 계실지도 모릅니다. 하지만 문제와 동시에 해결책까지 염두에 두지 않으면 애써 시작한 다독생활을 지속하기 어려워집니다. 특히 '① 읽을 책을 어떻게 선택할 것인가'의 문제는 상당히 중요하므로 먼저 이야기해보려고 합니다.

책의 핵심을 추출하여 외부로 끌어내야만 한다.

5장

책과 어떻게 만나고 헤어질 것인가

1만 권의 책을 고르고 관리하는 법

"오늘 읽을 책, 내일 읽을 책을 미리 정해두면
어떻게든 책 읽을 짬을 만들어보려는 의식이 작용하게 됩니다."

하루 한 권
일주일 독서계획을 세운다

매주 6권을 기준으로 삼는다

이미 말한 바와 같이 현재 저는 주 10~14권, 월 50~60권, 연 700권 정도의 책을 읽습니다. 책 읽기를 업으로 하는 저와는 달리 여러분에게 이 정도의 책 읽기를 권할 생각은 없습니다. 하지만 저 역시 서평만 쓰는 게 아니라, 통상적인 작가의 업무도 겸하면서 이 정도의 책을 읽고 있기 때문에 여러분도 일상적인 업무를 병행하면서 다독생활을 하는 것이 불가능한 일은 아닙니다.

이 책에서 목표로 삼는 것은 주 6권, 월 25권, 연 300권의 다독생활입니다. 먼저 연 300권이라고 하면 분명 많은 사람들은 당황할 터이고 대부분 말도 안 된다는 반응을 보일 것입니다. 그러나 한 줄 샘플링이나 한 줄 리뷰를 이용하여 플로우 리딩의 습관을 들이면 일주일에 여섯 권의 책을 읽는 건 그리 어렵지 않습니다.

일주일에 여섯 권이란, 즉 하루 한 권을 기준으로 합니다. 앞서 말했듯이 독서를 '리듬 오브 라이프'로 할 때는 매일 읽는 것이 기본입니다. 그렇다고 독자 여러분에게 독서가 수행처럼 되는 것 또한 저는 바라지 않습니다.

그래서 일주일에 하루쯤은 자유롭게 보냅니다. 즉, 휴일입니다. 이 날은 아예 책을 읽지 않거나 서두르지 않고 시간을 들여 읽고 싶은 책을 찬찬히 읽어도 좋습니다.

다음 주에 읽을 책을 고르는 날을 정해둔다

하지만 무엇보다 가장 먼저 해야 할 일이 있습니다. 바로 다음 주 독서 계획을 짜는 일입니다. 책 읽기를 쉬는 날은 되도록 요일을 고정하여 그날 중에 다음 한 주 동안 읽을 책을 정해둡니다. 월요일은 이 책을 읽고 화요일은 저 책을 읽는 식으로 대략적인 계획을 세웁니다.

의외일지도 모르지만 하루 한 권 독서를 실현하고자 할 때는 내일 읽을 책이 정해져 있는 게 무엇보다 중요합니다. 왜냐하면 내일 읽을 책을 실제로 내일 읽기 위해서는 오늘 읽을 책을 오늘 중에 다 읽어야만 하기 때문입니다.

이는 업무 스케줄을 짤 때도 상통하는 부분입니다. 회의를 효율적으로 진행하기 위해 회의 직후에 다른 일정을 넣는 방법을 쓰기도 합니다. 다음 일정이 있으면 회의 시간을 마냥 늘릴 수 없습니다. 정해진 시간 내에 어떤 것이라도 결론을 내려야만 합니다. 이와 마찬가지로 같은 책을 며칠씩 계속 붙들고 있으면 다음 독서 계획이 어긋나버립니다.

내일 읽어야 할 책이 있으면 '이 책을 오늘 중으로(이 시간 내에) 다 읽으려면 어떤 방법으로 읽어야 할까?', '어느 정도의 속도로 책장을 넘기면 좋을까?'와 같은 생각을 하며 어떻게든 책을 읽어내는 방향을 고민하게 됩니다.

'바빠서 도저히 책 읽을 짬이 없다'는 사람도 마찬가지입니다. 오늘 읽을 책, 내일 읽을 책을 미리 정해두면 일을 빨리 마무리하거나 회식 자리에서 일찍 나오는 식으로 어떻게든 책 읽을 짬을 만들어보려는 의식이 작용합니다.

시간 날 때 읽으면 된다는 의식을 갖고 있는 한, 독서 시간은 분명 다른 스케줄에 밀려나게 됩니다. 그것을 방지하는 가장 확실한 방법은 바로 '일주일 독서 계획을 짜는 것'입니다.

언제든지 읽을 만한 책은 언제까지고 읽지 않게 된다

가장 추천하는 방법은 3장에서 소개한 한 줄 리뷰용 노트나 수첩에 먼저 여섯 권의 책 제목을 적어두고 인용과 리뷰 쓸 준비를 해놓는 것입니다.

방 한구석에 한 번도 펼치지 않은 책이 많이 쌓여 있는 사람은 그 책들을 어떤 순서로 언제 읽을지를 당장 정합니다. 당연하지만 저 역시 이런 독서 계획을 세우고 책을 읽습니다. 더구나 일주일에 열 권 이상의 서평을 써야 하므로 임기응변식으로 대처하면 금세 일이 꼬이게 됩니다.

어쩌다 예측하지 못한 일이 벌어지거나 흐름이 깨어지면 정말 큰일이지 않을 수 없습니다. 한 권의 서평을 다 쓴 후에는 다음에 읽을 책을 고르고, 그 책을 읽은 후 다시 서평을 쓰고 책을 고르는, 이런 자전거 조업 같은 상태가 되면 엄청 스트레스가 쌓입니다. 그 반면에 독서 계획을 철저히 세워두면 작업량은 같아도 심리적인 부담감이 압도적으로 덜어집니다.

한 주간 읽을 책은 가능한 한 하루에 다 정하도록 합니다. 이는 그리 힘든 작업이 아닐 뿐더러 마치 여행 계획을 세우듯 일종의 설렘으로 가득해질 것입니다.

일주일 독서 계획과 하루 한 권씩 일주일에 여섯 권, 이것이 '리듬 오브 라이프'가 되면 무리 없이 연간 300권을 실현할 수 있게 됩니다. 꼭 도전해봅시다.

▌연간 300권은 읽게 되는 일주일 계획

① 일주일 독서 계획을 세우는 토요일
⇨ 6일간 읽을 책을 노트에 적는다.
  *월*일(일) : 문어의 경제학
  *월*일(월) : 오징어의 사회학
  ...
  *월*일(금) : 성게의 인문학

② 계획에 따라 하루 한 권을 다 읽는다.
다음 날 읽을 책을 정하는 것이 중요하다!

흥미의 벽을 부수고
취향의 폭을 넓힌다

읽고 싶은 책만 읽으면 매너리즘에 빠진다

매주 여섯 권의 책을 고를 때 주의해야 할 점은 무엇일까요?

한두 권 정도는 썩 내키지 않는 책을 넣는 것이 포인트입니다. 아무래도 자신이 좋아하는 책만 읽으면 매너리즘에 빠지기 쉽습니다.

오히려 지금까지 관심 밖이었던 책에 감동하게 되는 체험이야말로 독서의 묘미가 아닐까요? 그런 책들을 도서 목록에 넣어 흥미의 폭을 점점 넓혀나가는 것이 중요합니다.

저는 음악 칼럼니스트로서 CD의 라이너 노츠도 많이 집필해

왔습니다. 라이너 노츠란 CD의 해설이나 비평문을 말합니다.

스스로 음악적 취향의 폭이 상당히 넓다고 자부하지만 항상 좋아하는 장르나 잘 아는 아티스트 관련 집필 의뢰만 받는 것은 아닙니다. 오히려 전혀 흥미가 없었던 아티스트의 라이너 노츠도 지금까지 많이 써 왔습니다.

중요한 것은 그 과정에서 흥미가 없었던 것이 과거의 이야기가 된다는 사실입니다. 라이너 노츠 집필을 위해 다양한 자료를 접하다 보면 그 아티스트의 새로운 매력을 발견하게 됩니다. 독서도 마찬가지입니다. 책 읽기의 진정한 묘미는 새로운 관심이 피어나는 순간에 있습니다.

성격 탓도 있겠지만 어떤 음악이든 호기심을 갖고 대하면 반드시 멋진 부분을 찾을 수 있습니다. '이런 음악에는 관심이 없다'고 부정하는 것은 간단합니다. 하지만 이는 정말 안타까운 일입니다.

독서 역시 다르지 않습니다. 하루에도 여러 권의 책을 읽고 한 주에 열 권 이상의 서평을 쓰다가 보면 처음에는 전혀 내키지 않는 책도 있기 마련입니다. 그러나 대부분의 책은 '읽어서 좋았다'라고 생각되는 부분이 있습니다. 전혀 그런 생각이 들지 않는 책도 가끔 만나기도 합니다. 물론 싫은 책을 '싫다, 싫어!' 하면서 읽을 필요는 없지만 흥미의 폭을 넓힌다는 의식을 갖고 너무 취향만 앞세워 책을 고르지 않는 것이 좋습니다.

다른 사람이 추천하는 책이 주는 이점

아무리 책을 가리지 말라고 해도 어려운 점은 분명 있습니다. 실제로 자신의 흥미 분야가 아닌 책 중에서 다 읽고 난 후에 정말 좋았다고 생각할 만한 책을 찾기란 결코 쉬운 일이 아닙니다.

그래도 방법은 있습니다. 여기서 또 음악 이야기가 등장합니다. 80년대 중반 DJ문화에 푹 빠져 있던 저는, 볼링장 등에서 DJ 흉내를 내던 것을 시작으로 90년대에는 클럽 DJ로서도 활동했습니다. 몇 가지 이유로 이제 클럽 활동은 하지 않지만 요즘도 가끔 DJ클럽 등에서 이벤트를 개최하기도 합니다.

DJ라고 하면 라디오 프로그램을 진행하거나 클럽 등에서 음악을 틀어주는 사람이라는 인식이 강합니다. 직접 악기를 연주하지 않는 '할랑한 뮤지션' 정도로 오해하고 있는 사람도 많지요. 분명 DJ는 음악을 틀어주는 사람이지만 더 깊이 들어가면 음악을 틀어 분위기를 만드는 것이 DJ의 기본 역할이라고 할 수 있습니다.

열광의 도가니를 기대하는 손님들로 넘치는 주말 클럽이라면 신명나는 곡을 틀어 점점 무대의 열기를 높이고, 차분한 라운지에서는 휴식이 될 수 있는 편안한 선곡이 필수입니다. 조용한 장소에서 시끌벅적한 댄스곡을 튼다면 그것은 DJ로서 직무유기라고 할 수 있습니다. DJ에게는 그 장소의 분위기에 맞는 음악을 순간적으로 골라내는 센스와 지식이 필요합니다.

DJ와 서평가에게는 공통되는 점이 있습니다. 서평으로 쓸 책을 고를 때 저는 게재할 미디어의 성격을 상당히 의식하는 편입니다. 사이트에 따라 독자의 취향이 다른 만큼 그 독자들이 좋아할 만한 책을 선별하려고 애씁니다.

수만 명의 파티 피플이 모인 페스티벌에서 차분한 발라드를 틀면 외면당하듯이 〈라이프해커〉에서 라이트노벨(표지 및 삽화에 애니메이션풍의 일러스트를 많이 사용한 젊은 층을 대상으로 한 일본의 독자적 소설 장르)을 소개해봤자 독자의 공감을 얻기는 어렵습니다. 이 판단이 반드시 옳은 것은 아니지만 역시 상대의 취향을 헤아리고자 하는 노력은 중요합니다. 이런 말을 하는 이유는, 타인의 취향에 맞춰 책을 골라보거나 다른 사람이 골라준 책을 읽는 것 또한 독서를 즐기는 데 있어 중요한 의미가 있다고 생각하기 때문입니다. 누구나 자신이 좋아하는 책은 다른 사람에게도 권하고 싶어 합니다. 그 생각을 조금만 더 확대해봅시다.

친구, 애인, 부부, 동료 등 누구라도 좋으니 서로 '이 사람은 이런 책을 좋아할 것 같다' 싶은 책을 한 권씩 추천해봅시다. 다른 사람이 추천해준 책이 자신의 마음에 들지 어떨지는 미지수지만, 시야가 넓어지거나 새로운 호기심이 싹트는 계기가 될 수도 있으니 DJ처럼 서로 책을 추천하는 방법을 꼭 시도해봅시다.

책을 권하는 일을 불쾌하게 여길 사람은 많지 않습니다. 상대의 반응을 염려하지 말고 자유롭게 책을 추천해봅시다.

빨리 읽을 수 없는
책을 읽는 법

정서를 채워주는 스토리물

1장에서도 잠깐 언급했지만 이 책에서 소개하는 기법을 효과적으로 적용할 수 있는 책은 주로 경제경영서나 자기계발서처럼 사실이나 주장을 전하는 콘텐츠이며 소설 같은 스토리물 콘텐츠는 포함되지 않습니다.

왜냐하면 빨리 읽을 수 있는 책(경제경영서나 자기계발서)과 빨리 읽을 필요가 없는 책(소설, 에세이 등), 이 둘은 책을 읽는 목적이 다르기 때문입니다.

책을 읽는 목적은 대략 이런 식으로 정리할 수 있습니다.

① 사실·주장 콘텐츠(비지니스서나 자기계발서) ⇨ 자신을 성장시키기 위해

② 스토리 콘텐츠(소설·에세이) ⇨ 자신이 즐기기 위해

물론 개인차는 있습니다. 순수하게 즐기기만 하기 위해 경제 경영서나 자기계발서를 읽는 사람도 있을 테고, 자신을 성장시키기 위해 소설을 읽는 사람도 있을 테니, 이는 지극히 단순화한 논리라는 점을 전제로 이야기를 진행해가도록 하겠습니다.

이 책에서 소개한 플로우 리딩에 의한 300권 독서 계획은 '① 사실·주장 콘텐츠 = 빨리 읽을 수 있는 책'을 하루 한 권씩 읽는 것을 전제로 합니다.

그러나 책을 좋아하는 사람일수록 이 같은 독서 생활을 하다가 보면 조금 부족함을 느끼게 됩니다. 시간을 잊고 가슴 설레며 스토리에 몰두하는 독서가 그리워지기 때문이지요.

시간이 걸리는 독서는 '쉬는 날'에 한다

업무 관계로 방대한 양의 경제경영서를 일상적으로 읽는 저도 어릴 때처럼 이야기의 세계에 푹 빠져들고 싶을 때가 있습니다. 원래 픽션을 좋아해서 한동안 소설을 읽지 못하면 왠지 허전

한 느낌이 듭니다. 그래서 일부러 경제경영서와 병행하여 소설을 읽는 시간을 갖습니다. 그런 식으로 제 안의 밸런스를 유지합니다.

같은 소설이라도 그 종류는 엄청나게 다양합니다. 저는 장르를 가리지 않고 다양한 책을 읽지만 그 중에서도 중간소설(순수문학과 대중소설 중간에 위치한 문예작품)이나 대중소설 장르를 특히 좋아합니다.

작가 중에서는, 어려운 논리 없이도 책을 덮을 때 즈음 기분이 산뜻해지는 권선징악 스토리가 매력인 겐지 게이타(1912~1985 일본의 소설가)를 가장 좋아합니다. 미국의 인기작가 딘 쿤츠는 《베스트셀러 소설 이렇게 써라》(문학사상, 1996)에서 주인공을 막다른 곳까지 몰아놓은 다음 마지막은 해피엔딩이 되어야만 독자가 만족한다는 취지의 글을 썼습니다. 여러 번의 고비를 넘기고 원만하게 수습되는 스토리가 독자를 매료시킨다는 것이지요. 물론 국내 순수문학이든 해외문학이든, SF, 미스터리 소설, 시대소설, 라이트노벨, 여행기, 에세이, 아동서 등 사람들의 취향은 제각각입니다.

소설에 대해 잘 모르겠는 사람은 발행 부수가 많은 베스트셀러 소설부터 펼쳐봐도 좋습니다. 베스트셀러가 되었다는 것은 순수하게 내용이 재미있다는 것입니다. 인터넷 중고책 코너 등에서 싼값에도 구매가 가능하니 일단 베스트셀러부터 도전해봅시다.

  일주일에 하루 정도, 즉 계획적인 책 읽기를 쉬는 날에는 여섯 권의 책과 병행하여 스토리 콘텐츠를 읽어나가는 독서 생활도 권장할 만합니다.

책을 손에 넣는 장소를
다각화한다

다독가의 배부른 고민

〈라이프해커〉에서 처음 서평을 쓴 게 2012년 8월 26일이었으니 이 글을 쓰는 시점에서 그럭저럭 3년 반째 접어듭니다. 원래 부족한 게 많은 사람인지라 날마다 '이대로 괜찮을까?', '이렇게 해볼까?' 고민도 많았지만 그 와중에도 어느 정도 틀이 잡히게 되었습니다.

돌이켜보면 시작 당시에는 모든 게 힘들었습니다. 웹은 갱신도가 생명이므로 '주말과 휴일을 제외하고 매일 갱신'이라는 조건이 붙어 태생이 느리게 읽는 사람임에도 강제로 많은 양의 책을 읽어야만 했습니다.

주요 월간지에서 일해왔던 저에게 웹은 생소했고 타깃 독자층도 감이 오지 않았습니다. 컴컴한 어둠 속에서 더듬거리는 상태나 다름없었지요.

하지만 이런 장애물은 열심히만 하면 어떻게든 해결할 수 있는 문제였습니다. 그 외에 또 다른 심각한 문제가 있었으니, 바로 '읽을 책을 어떻게 손에 넣을 것인가?'였습니다.

제가 서평을 쓴 책이 인터넷 서점 등에서 판매부수에 작으나마 영향을 끼치게 되면서부터는 다양한 출판사에서 책을 보내주게 되었습니다. 하지만 완전 무명의 신출내기 서평가였을 당시의 저에게 증정본을 보내주는 사람은 아무도 없었습니다. 따라서 모든 책은 제가 직접 조달해야만 했습니다.

한 주에 5권 분량의 서평을 쓰려면 월 평균 20권 이상의 책이 수중에 있어야 합니다. 서평을 쓸 책을 모두 서점에서 구입할 경우 매월 상당한 지출이 생깁니다. 사람에 따라 감각은 다르겠지만 부자가 아닌 저에게 그 금액은 꽤 큰 부담이 되었습니다.

여러분에게도 남의 이야기가 아닙니다. 연간 300권을 모두 서점에서 구입할 경우, 1권당 평균 13,000원이라고 해도 연간 400만 원 가까이 듭니다. 보통은 약간 주저하게 되는 금액이 아닐까요? 따라서 모든 책을 새 제품으로 구입한다는 것은 별로 현실적이지 않습니다.

또한 금전적인 문제뿐 아니라, 보다 즐겁고 풍요로운 독서 생활을 위해서는 책을 손에 넣을 수 있는 장소에 다양성을 갖는 것도 중요합니다.

책 고르기의 시야가 넓어지는 도서관

다독 생활을 실현하고 싶다면 반드시 도서관과 서점을 활용해봅시다. 프리랜서 작가로서 출판사와 지척에서 일하다 보면 이 두 가지는 출판업계의 적이 아니냐는 말을 듣기도 합니다. 하지만 그것은 결국 출판사의 사정이고 많은 책을 읽는 사람 입장에서는 어느 쪽도 귀중한 존재임에는 변함이 없습니다. 저는 지금까지 도서관의 도움을 정말 많이 받았습니다. 책을 무료로 빌릴 수 있는 점도 멋지지만 일반 서점에서는 찾아보지 못할 책을 만날 수 있는 것도 도서관이 가진 매력 중 하나입니다.

공간이 한정되어 있는 서점은 되도록 잘 팔리는 책을 재고로 많이 쌓아두므로, 어느 서점이든 책 구성이 비슷비슷하고 눈에 잘 띄는 곳에 최신간과 베스트셀러가 진열되어 있기 마련입니다. 반면에 도서관은 사서가 독자적인 센스로 고른 책이나 이용자가 신청한 희망 도서 등이 많이 갖춰져 있어 도서관 별로 상당히 특색이 있습니다.

익숙해지면 알게 되겠지만 서적 분류 방법도 서점과는 상당히 다릅니다. 한참 동안 관내를 다니다가 보면 '왜 지금까지 이 책을 몰랐을까?' 싶은 책을 발견하게 될 것입니다. 뜻하지 않은 곳에서 관심의 폭을 넓힐 기회를 얻을 수 있다는 의미에서 매주 몇 권 정도는 도서관에서 빌려보기 바랍니다.

무엇보다 도서관에는 그곳에 있는 것만으로 마음이 차분해지는 신기한 분위기가 있습니다. 어떤 의미에서는 그것이 가장 큰 매력이라고도 할 수 있겠습니다.

보물을 찾듯 책을 찾는다

한편, 중고서점은 분위기라는 점에서는 도서관과 비교할 바가 못 되지만 도서관이나 서점과는 다른 독특한 서적 배치를 하고 있습니다. 책이 지닌 가치를 고려하지 않고 기계적으로 가격을 매기는 면이 있기 때문에 생각지도 않게 희귀한 책을 헐값으로 손에 넣을 수 있는 이점도 있습니다.

점내에 진열되어 있는 책은 기본적으로 '이전 소유주가 자신의 손을 떠나도 좋은, 곁에 두지 않아도 좋다'고 판단한 책인 만큼 좋은 책을 만날 가능성은 희박하겠지만 거기에서 보물을 찾아내는 것 또한 즐거움의 하나입니다. 현명하게 활용하면 이용 가치는 충분합니다.

책을 좋아하는 사람에게 빠트릴 수 없는 또 한 곳은 이른바 고서점입니다. 이곳 또한 신간만 취급하는 서점에서는 맛볼 수 없는 독특한 매력이 있습니다.

물론 인터넷 서점도 편리하고 장르별 추천 도서가 많은 도움이 되는 것 또한 사실이지만 저는 실제로 책을 손으로 만지고 확인하는 것을 좋아해서 매주 한 번은 오프라인 서점에 갑니다.

오프라인 서점의 책은 아무래도 신간이나 잘 팔리는 책이 중심이 되지만, 바꾸어 말하면 세간의 트렌드를 강하게 반영하고 있다고 할 수 있습니다. 지금 어떤 책이 화제인지, 세상 사람들은 무엇에 흥미가 있는지 알아보는 데 서점의 책 진열대만큼 편리한 장소는 없습니다.

독서를 좋아할수록
책과 잘 헤어진다

다독가를 고민에 빠트리는 책장 정리

지금까지 '책을 어떻게 선택할 것인가?', '어떻게 손에 넣을 것인가?'라는 두 가지 과제에 대해 이야기했습니다.

이 두 가지를 해결하고 실제로 다독 생활이 시작되면 마지막에 또 어쩔 수 없는 문제가 발생하게 됩니다. 바로 '다 읽은 책을 어떻게 할 것인가?'라는 문제입니다.

저의 경우 하루에도 몇 권씩 책이 늘기 때문에 잠깐만 신경을 쓰지 못해도 금세 작업실이 책 더미가 됩니다. 1년에 약 700권씩 책이 는다면 웬만큼 넓은 집이 아닌 이상 모든 책을 보관해두기란 사실상 불가능합니다.

'다 읽은 책을 어떻게 처분할 것인가?'라는 물음은 분명 다독 생활과 떼려야 뗄 수 없는 관계에 있습니다. 그래서 제 나름의 책장 관리법을 소개해볼까 합니다.

예전에는 책은 재산이라는 가치관이 지배적이었습니다. 학생 시절에는 저 역시 같은 생각을 품고 중후한 책이 정연하게 진열 된 세련된 책장과 그 책장이 어울리는 멋진 서재를 동경했습니다. 책을 단순히 인테리어 목적으로 다루는 것의 시시비비는 제쳐두더라도 예전에는 많은 양의 책을 소유하는 게 일종의 지위였음은 피할 수 없는 사실이었습니다.

굳이 예전이라고 한 것에는 나름의 의미가 있습니다. 이제 물리적인 존재로서 책을 재산으로 파악하는 시대는 끝났다고 생각하기 때문입니다.

불필요한 책을 버리면 책이 더 좋아진다

예전에는 저 역시 다 읽은 책이나 앞으로 읽을, 말하자면 사두고 읽지 않는 책이 느는 것에 기뻐하던 시기가 있었습니다. 하루하루 높아져가는 책 탑을 보며 뿌듯해하고 가슴 설레던 시절이었지요. 그러다가 책이 너무 많이 늘어 발 디딜 틈이 없어진 방을 보며 두렵다는 생각에 이르렀습니다.

'여기에 있는 책은 언제쯤 다시 펼치게 될까?'

마음에 든 책을 여러 번 다시 읽는 사람도 있겠지만 기본적으로 한 번 읽은 책을 다시 펼칠 일은 거의 없습니다. 저의 경우, 사놓고 읽지 않는 책 중에 1년 이상 그 자리에 그대로 있는 책도 있었습니다.

그 사실을 깨닫고는 매우 착잡한 기분이 들었습니다. 지금까지 보물에 둘러싸여 있다고 생각했는데 실은 그 대부분이 가짜였음을 알게 된 듯한 그런 허탈하고도 허무한 기분을 달랠 길이 없었습니다. 그래서 저는 갖고 있던 책의 대략 절반 정도를 처분하기로 결심했습니다.

생각해보니 이전에도 이와 똑같은 경험을 한 적이 있었습니다. 예전의 저는 뭐든 좀처럼 버리지 못하는 성격이었습니다.

음악 칼럼니스트를 본업으로 활동하던 무렵, 제 서재는 엄청난 수의 레코드에 파묻혀 있었습니다. 예전에는 '이 레코드는 전부 나의 것!'이라는 행복한 소유의 감정을 맛보고 있었지만 언제부턴가 압박감과 먼지가 그 감정을 웃돌게 되었습니다.

그래서 결국 방에 있던 레코드를 대량으로 처분하기로 했습니다. 계산해보니 그 수만 해도 8,000장에 이르렀습니다. 처분한 목록 중에는 상당히 희귀한 음반도 있었지만, 그 경험으로 확

▌책 정리에도 스톡(저장)에서 플로우(유동)으로의 전환이 필요하다

쌓아두어서는 보이지 않는다!

처분했을 때 비로소 필요한 것이 보인다!

실히 얻은 것도 있습니다.

그것은 '정말 필요한 레코드'와 '필요하지 않은 레코드'를 극한으로 압축한 결과, 정말 내가 좋아하는 음악이 보이게 되었다는 사실입니다. 이는 필요하지 않은 레코드를 극한까지 압축했기 때문에 이른 경지라고 생각합니다.

그런 경험 덕분에 저는 우선 방에 있는 책을 반으로 줄이기로 결심했습니다. 그 결과 저에게는 두 가지 변화가 찾아왔습니다.

① 방이 정리됨으로써 생활이나 일을 대하는 마음이 보다 긍정적이 되었다.
② 새로운 책과의 만남이 점점 즐거워졌다.

그 후로 저는 정기적으로 책을 처분하게 되었습니다. 그냥 버리지 않고 되도록 그 책을 필요로 하는 지인들에게 주려고 합니다.

책을 처분한다는 것에 부정적인 이미지를 갖고 있는 사람도 많지만 인생을 풍요롭게 해줄 책이 생활환경을 점점 악화시켜간다면 그것은 본말전도라고 하지 않을 수 없습니다. 스톡(저장)에서 플로우(유동)로의 전환은 '책 읽기'뿐만 아니라 '책 관리'에도 해당됩니다.

처분할 책을
선정하는 기준

파악할 수 있을 만큼만 소유한다

처분할 책을 판단하기란 여간 어려운 일이 아닙니다. 책 둘 곳이 마땅치 않다고 하면 분명 전자책 이야기가 나옵니다.

지금 이 책을 전자책으로 읽는 분도 있을 것입니다. 저는 절대 새로운 미디어를 부정할 생각은 없지만 역시 종이책 쪽이 독서에 적합하다고 생각합니다. 저 또한 몇 번인가 전자책으로 독서하는 습관을 들이려 시도했지만 도저히 마음이 움직이지 않았습니다.

전자책을 도입하면 확실히 물리적인 공간은 필요 없으므로 무한대로 책을 소유할 수 있게 됩니다. 그러나 저는 책 둘 공간만을 문제 삼는 게 아닙니다. 공간이 아무리 충분해도 한 사람이 파악할 수 있는 책의 수에는 한계가 있는 법입니다. 다 파악할 수도 없을 만큼 소장 목록을 늘리는 것은 큰 의미가 없습니다.

역시 관리할 수 있을 만큼의 책을 소장하고 자주 환기하는 것이 가장 좋은 방법입니다. 지금부터 제가 소개할 방법은 엄청난 호화저택에 사는 사람에게도 도움이 될 '책장 관리법'입니다.

처분해야 할 책을 파악하는 센스를 배양하고 싶다면 정기적으로 책장 관리를 해야 합니다. 저도 실제로 이 방법을 실천하고 있는데 이렇게만 해도 불필요한 책을 처분하기가 상당히 수월해집니다.

책등이 보이도록 시간 순으로 정렬한다

일단 모든 책은 책장에 진열합니다. 사놓고 읽지 않은 책은 옆으로 뉘어둡니다. 책장이 꽉 차면 바닥에 둬도 좋으나 서점에 진열된 상품처럼 정연하게 정렬합니다. 또한 책의 판권장을 보고 발행일을 확인하여 오래된 책에서 새 책 순으로 정렬하는 방법도 있습니다.

그러면 그 시점에서 필요하지 않겠다 싶은 책이 몇 권인가 나오게 됩니다. 잘 살펴보면 읽다가 만 지 2년이 넘었거나, 벌써 10년 전 정보라서 시대에 뒤떨어진 책 등 처분해야 할 책이 보입니다. 특히 경제경영서 등은 시대 상황에 맞춰 간행되는 경우가 많으므로 오래된 책은 적극적으로 처분해가도록 합니다.

그래도 좀처럼 결단이 서지 않을 때는 그 책과 '언제든 재회할 수 있음'을 의식합니다. 만약 그 책이 다시 필요한 상황이 생기더라도 중고서점이나 도서관, 전자책 등으로 손쉽게 손에 넣을 수 있습니다. 지금은 인터넷으로 어지간한 책은 다 찾을 수 있으니 아주 희소한 책이 아닌 이상, 두 번 다시 손에 넣을 수 없는 책은 웬만해선 없습니다.

책장은 나를 비추는
거울이다

책장은 3개월마다 정리한다

책장 정리 작업의 포인트는 여러 번 지속하는 데 있습니다. 한 번 결심했더라도 다시 원래대로 되돌아올 가능성이 크므로 책을 처분하는 작업을 습관화하는 것이 중요합니다. 가장 좋은 방법은 3개월마다 책장 정리를 하는 것입니다. 이유는 세 가지입니다.

① 최근 3개월에 읽은 책이라도 필요하지 않은 책은 분명 있다.

최근에 읽은 책은 '다시 읽을 일은 없을 것 같지만 일단 좀 더 곁에 두자'는 생각이 들기 마련입니다. 그러나 이제 필요하지 않다고 느낀 책이라면 잠시라도 곁에 둬야 할 이유는 없습니다. 효과적인 '책장 플로우'를 창출하기 위해 불필요한 책은 바로 처분하는 습관을 들이는 것이 중요합니다.

② 3개월 전의 판단은 이미 시효가 지났다.

의외의 복병이라고 할 수도 있겠는데, 막 간행한 따끈따끈한 책은 신간이라는 이유만으로 곁에 두고 싶어지게 하는 힘이 있습니다. 단 요즘 세상의 속도감으로 본다면 어떤 신간도 3개월이 지나면 신간이 아니게 됩니다.

실제로 아주 참신하고 멋져 보였던 책도 3개월 정도 지나면 '그때만큼은 아닌 것'이 되기도 합니다. 3개월 전에는 전혀 버릴 마음이 없었더라도 지금은 필요 없다고 생각되면 망설이지 말고 그 타이밍에 처분해야만 합니다.

③ 이전에 남겨뒀던 책이 지금도 남겨둬야 할 책이라고 단정할 수 없다.

책이란 서점에서 갓 구입했을 때가 가장 매력적입니다. 책들은 '나를 사주세요!'라고 필사적으로 어필합니다. 수많은 책 중에서 굳이 그 한 권을 손에 쥔 것은, 그 책이 반짝반짝 빛나 보였기 때문입니다. 결과적으로 서로 사랑하고 서로 생각하는 관계가 성립하면 그 책을 구입하게 됩니다.

문제는 지금부터입니다. 정열적으로 시작한 연애가 반드시 계속된다는 보장이 없는 것과 마찬가지로 책과의 관계도 분명 그 끝은 찾아옵니다. 첫 만남 때의 설렘이 3개월 후에도 지속되리라고는 단정할 수 없습니다.

꼼꼼히 살펴보고 구입하여 읽은 후에 '멋진 책이다. 곁에 두자!'고 느낀 책조차 읽는 사람의 가치관이나 변화에 따라 불필요한 책으로 격하될 가능성은 충분합니다. 각각의 책에 대한 애정 수준을 정기적으로 점검하여 타성으로 껴안고 있는 책은 없는지 확인해봅시다.

매번 점검을 무난하게 빠져나가는 책이라도 1년 이상 펼친 적이 없다면 일단 곁에 둘 가치는 없습니다. 이런 식으로 지금의 자신에게 꼭 필요한 책만 남긴다면 자신의 독서 취향이 반영된 완벽한 책장을 완성할 수 있습니다.

버리지 않고 남긴 책에서 진정한 내가 보인다

처분해도 좋은 책이 있는 이상, 처분해서는 안 되는 책도 있기 마련입니다. 이 말은 곧 독서가에게 중요한 것은 어떤 책을 버리느냐가 아니라 어떤 책을 남기느냐에 있음을 의미합니다. 어떤 책을 남길지에 대해 생각해보는 것은 자신의 가치관이나 취미, 취향을 재인식하는 좋은 계기가 됩니다. 남긴 책에서 자기 자신을 볼 수 있기 때문입니다.

그렇다면 버려서는 안 되는 책, 남겨야만 하는 책은 어떤 책일까요?

물론 사람에 따라 다릅니다. 자신 안에 기준을 갖고 그 기준에 근거하여 판단하는 것이 무엇보다 중요합니다. 또한 이 책에서 소개한 기법을 실천하는 방법도 있습니다. 한 줄 리뷰가 열두 권이 쌓일 때마다 리뷰를 다시 읽어 거기에서 다시 최고의 한 권을 고른다는 말을 한 적이 있습니다. 한 주에 여섯 권을 읽는 사람이라면 2주에 한 번 꼴로 이러한 '다시 읽기'를 하게 됩니다.

이렇게 리뷰를 다시 읽어보면 어떤 책을 남길지 판단할 때 도움이 됩니다. 정기적으로 자신의 독서 체험을 평가하는 습관을 들이면 남기고 싶은 책이 저절로 눈에 들어오게 됩니다. 반드시 시도해보기 바랍니다.

▮ 책장을 정리하는 심플한 방법

① 책장에 진열할 때는 책등이 보이도록 세운다.
다 들어가지 않을 때는 바닥에 놓는다.

② 오래된 책에서 새 책 순으로 정렬한다.

③ 오래된 책부터 우선적으로 불필요한 책을 추려낸다.

④ 3개월마다 이 작업을 반복한다.
1년 이상 펼치지 않은 책은 일단 따로 둔다.

책을 읽고 나서야 알게 된 것들

어린 시절 사고로 트라우마에 빠지다

드디어 이 책도 막바지에 접어들었습니다.

이런저런 그럴 듯한 말들을 해왔는데, 이번에는 잠시 제 이야기를 해볼까 합니다. 제가 체험해온 것들의 일부를 알고 나면 '아, 이렇게 해서 책을 많이 읽게 되었구나!' 이해할 수 있지 않을까 싶습니다.

흔히 '모두의 인생은 한 권의 책이 된다'고들 하지만, 살아가다 보면 분명 다양한 일들과 만나게 됩니다. 그리고 그 몇 가지는 일생의 분기점이 되기도 합니다. 알기 쉽게 말하면 어떤 일을 계기로 어제와 같은 오늘이 오지 않게 될 수도 있다는 말입니다. 제 경우, 특히 아홉 살 때 겪었던 사고가 그 후의 인생에 큰 영향을 끼쳤습니다.

초등학교 4학년 봄, 어느 날이었습니다. 당시 초등학교 2학년이던 동생을 자전거 뒤에 태우고 달리다가 내리막길에서 갑자기 브레이크가 듣지 않아 그대로 균형을 잃고 머리를 땅에 부딪치고 말았습니다. 애초에 두 명이 탔다는 게 문제였던 것이지요.

그 자리에서 바로 의식을 잃은 저는 한참동안 깨어나지 못했습니다. 3주 동안이나 의식이 돌아오지 않자 의사도 "99퍼센트 생명을 보장하기 어렵다"고 말했다 합니다.

물론 깨어났으니 지금 이렇게 글을 쓰고 있겠지요. 의식을 되찾은 저는 자전거가 구른 것은 기억이 나지만 저에게 그런 엄청난 일이 있었으리라고는 꿈에도 생각하지 못했습니다.

처음에는 어안이 벙벙한 채 있다가, 자초지종을 듣는 중에 막연하지만 결정적인 절망감이 서서히 제 안에 퍼져 갔던 기억이 지금도 생생합니다. 어린 마음에도 정말 큰 충격이었기 때문입니다.

그 후 '내 머리는 망가졌다'는 생각이 떠나지 않았습니다.

'분명 다들 내 머리가 망가졌다고 생각할 거야!'

그 생각은 항상 머릿속에서 저를 옥죄었고 실제로 학교에서도 동네에서도 사람들은 기이한 눈으로 나를 쳐다봤습니다.

스스로 한계 짓지 않는다

'난 머리가 망가졌기 때문에 뭘 해도 안 돼!'라는 자포자기의 심정이 제 안에 뿌리 박혀 십 대 무렵에는 정말 아무것도 할 수 없었습니다.

그리고 저에게 무엇보다 힘들었던 일 중 하나는 '읽거나 쓰는 것을 할 수 없게 되어버렸다'는 강박관념이었습니다.

이미 한참 전에 세상을 뜬 저의 아버지는 편집자였습니다. 작가를 접대할 일이 많았던 아버지는 점심 전에 집을 나서 한밤이 되어서야 귀가했습니다. 만취해서 돌아온 아버지는 새벽 서너 시에 큰 소리로 서툴게 노래를 부르곤 했기 때문에 이웃 사람들이 무척 괴롭지 않았을까 싶습니다. 지금이라면 바로 항의가 들어왔을 일이지요. 그렇더라도 아이에게 아버지는 든든한 버팀목이었습니다. 동경의 마음과 함께 장래에는 아버지와 같은 일을 하고 싶다는 생각을 막연히 품고 있었습니다.

무엇보다 저는 책을 무척이나 좋아하는 소년이었습니다. 하지만 부상을 계기로 저는 책 만드는 일은 할 수 없다고 생각하게 되었습니다. 한 학기를 통째로 쉬는 바람에 성적은 급격히 떨

어졌고 읽는 것도 쓰는 것도 제대로 할 수 없게 되었다는 생각에
사로잡혔습니다.

주절주절 말하다 보니 살짝 민망해져 이 정도로 끝내겠지만,
아무튼 당시의 저는 세상에서 '내가 가장 불행하다'라고 믿고 있
었습니다. 돌이켜보니 '나는 망가졌다', '아무것도 할 수 없다',
'읽고 쓰는 능력이 저하했다'고 생각했던 것은 전부 제가 멋대로
만들어낸 믿음에 불과했습니다.

실제로 사고 당시의 부상은 벌써 나았지만 저의 독서 속도는
거의 달라지지 않았습니다. 이런 말을 하는 이유는 '느리게 읽는
사람'이라는 것도 그 사람의 믿음으로 생긴 환상에 지나지 않기
때문입니다.

책 읽는 게 힘들다는 사람에게 이유를 물어보니 '활자를 쫓아
갈 수가 없다' 혹은 '머리가 나빠서 내용을 이해할 수 없다'는 등
그 시점에서 자신의 능력에 대해 결론을 내어버리는 사람이 적
지 않았습니다.

그런 의식은 대부분의 경우 아주 사소한 실패 경험이나 트라
우마에서 생겨난 것이었습니다. 어쩌면 스스로가 그렇게 정해
놓은 것일 뿐, 사실은 더 많은 책을 읽을 수 있는 능력이 있는 것
일지도 모릅니다.

느리게 읽는 자신에게 줄곧 위화감이 있어 '더 빨리 읽을 수는

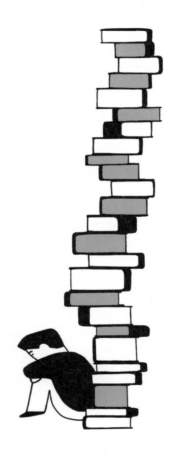

나는 왜 책 읽기가 힘들까?

없을까?' 하는 생각을 하다가 이 책을 손에 넣게 되지 않았을까요.

제 경험에 비춰 자신 있게 말할 수 있는 것은, 무의식 중에 스스로 붙인 꼬리표를 떼어내면 의외로 간단하게 책을 술술 읽고 있는 자신과 만날 수 있다는 것입니다.

책 같은 건 안 읽어도 그만이다

물론 독서는 강제성을 띠어서는 안 됩니다. 음악도 책도 '없어도 되는 것'이라는 점은 변할 수 없는 사실입니다. 꼬인 사람이라고 할지 모르지만, 타워레코드의 '노 뮤직 노 라이프No Music No Life'라는 유명한 카피 문구를 보면 항상 '그럴 일은 없을 것'이라는 생각이 듭니다.

예전에 시험 삼아 그토록 좋아하는 음악을 전혀 듣지 않고 한 달 정도 지낸 적이 있었습니다. 그때 저는 정말 놀라운 경험을 했습니다. 음악 칼럼니스트로서 엄청난 양의 음악을 듣는 일상에 지쳐 있었기 때문인지, 한 달 동안의 음악 단식은 저에게 그 나름 쾌적함을 선사했기 때문입니다. 그와 동시에 '음악 없이도 살아갈 수 있다'는 제법 중요한 사실도 인식하게 되었습니다.

'없어도 되는 것'임을 전제로 한 다음에 음악이 있으면 살아가기가 훨씬 즐거워집니다. 이런 감각을 갖는 게 중요합니다.

지금껏 그렇게 생각해왔기에 책이나 독서에 관해서도 그런 감각을 갖고 있습니다. 분명 책이 없어도 살아갈 수 있습니다. 잠깐 뭔가를 조사할 때는 인터넷이 편리하고 정보나 자극을 원한다면 스마트폰 쪽이 신속합니다.

하지만 역시 책이 있는 생활이 없는 생활보다 훨씬 즐겁습니다. 이 또한 저에게 있어 변할 수 없는 사실입니다. 1장에서 접한 바와 같이 저는 음악과 책에 지대한 영향을 받아왔습니다. 현실적으로도 이 둘은 저에게 아주 중요한 문제입니다. 그렇기 때문에 '책이 있음으로써 내 인생이 어떻게 변할 것인가?'를 생각해야만 합니다.

여러분의 인생에서 책이 있는 쪽이 좋다고 한다면, 제가 소개해온 독서 스타일은 분명 도움이 될 것입니다. 그런 믿음이 있었기에 이 책을 쓸 결심을 할 수 있었습니다.

책을 읽는 과정에서 찾는 즐거움

책을 읽을 때마다 분명 얻는 것은 있습니다. 지금까지 몰랐던 정보나 지식, 혹은 자신에게 없었던 감성이나 가치관 등과 더불어, 수첩에 한 줄 리뷰가 차곡차곡 쌓여가면 많은 책을 읽었다는 성취감과 기록이 축적되는 만족감도 맛볼 수 있습니다.

단, 동시에 주의해야 할 것이 있습니다. 절대 독서의 목적이 빗나가서는 안 됩니다. 독서량이 증가하면 할수록 당연히 더 많은 것을 얻고 싶어 합니다. 그러나 그 결과로서 지식이나 교양을 얻는 것 자체가 목적이 되어버리는 경우가 있습니다.

많은 음악을 듣는 중에 장르나 아티스트의 이름, 그 외의 음악적 지식을 축적한 음악 마니아가 되기도 합니다. 음악 자체를 즐긴다기보다는 음악에 관해 아는 것이 목적이 되어버린 사람입니다. 이런 사람과 사귀는 것은 조금 성가신 면도 있지만, 물론 즐기는 방법은 사람마다 다른 법이니 이러쿵저러쿵 말할 필요는 없습니다.

책에 관해서도 마찬가지입니다. 지식의 습득을 목적으로 한 독서가 위험한 이유는 그 당사자까지도 거만해지는 경우가 있기 때문입니다. 지식이 늘었다고 해서 그 사람이 위대해질 리는 없습니다. 브랜드 물건을 휘감은 사람이 자신을 멋쟁이로 착각하는 것처럼 지식을 얻는 데 취한 사람은 자신이 훌륭한 사람이라고 생각하기 쉽습니다. 그렇기 때문에 저는 교양을 익히기 위한 독서라느니, 품격을 높이기 위한 독서라느니, 현대를 살아남기 위한 독서라느니 하는 문구를 들으면 큰 위화감을 느낍니다.

물론 책을 읽은 결과로서 그런 효용을 기대할 수 있음을 부정하지는 않습니다. 하지만 이것들은 모두 책을 읽은 '다음'의 것에 초점을 두고 있지, 읽는 행위 자체에는 가치를 두고 있지 않습니다. 교양을 익히거나 품격을 높이기 위해 독서를 고된 수행처럼 생각해서는 안 됩니다. 그런 독서법은 즐거움을 주지 못합니다.

무언가를 위한 독서는 따분하기만 합니다. 게다가 현대를 살아남기 위한 교양을 얻는 수단으로서 책을 이용해도 결과적으로 얻는 것은 많지 않습니다. 그렇기 때문에 그보다는 많은 책을 읽는 과정 그 자체를 즐겨주셨으면 합니다.

1만 권의 책 세상이 나를 기다리고 있다

지금 저는 대략 하루에 2권 정도의 책을 읽기 때문에 현시점에서 연간 700권 이상의 독서를 하고 있는 셈입니다. 즉 10년 후에는 7,000권 이상의 책을 읽었다고 해도 이상할 게 없습니다. 1만 권을 독파하는 것이 가시권에 들어오는 것이지요. 이 책의 머리말에서 같은 취지의 말을 했는데, 여기까지 읽어주신 분이나 혹은 서점에서 맺음말을 읽고 있는 분은 그런 장대한 미래에 매력을 느꼈을 것입니다.

다만 다독 생활을 실현하고 그 장대한 미래가 현실로 다가온 지금, 제가 새삼 생각하는 것이 있습니다. 그것은 1만 권의 세상을 만나는 것만큼이나 중요합니다.

저는 지금까지 살아오면서 장르나 시대를 막론하고 세계 각 국의 다양한 음악을 듣고 책을 읽어왔습니다. 당연하지만 경험 이나 연륜이 쌓이면서 지식도 늘어가기 때문에 결과적으로 많 은 것들이 제 안에 응축되었을 것입니다. 또한 그렇기 때문에 이 것 하나만은 절대 잊지 않으려고 애써 왔습니다. 바로 '열세 살 때의 기분을 잊지 않는 것'입니다.

초등학교에서 중학교에 걸친 이른바 사춘기는 아시다시피 인 생에서 가장 감성이 풍부한 시기입니다. 저 또한 이 시기에 흡수 한 음악, 책, 미술에 관한 것들이 지금까지도 제 안에서 대단히 큰 부분을 차지하고 있습니다.

지식이 없었던 그 무렵엔 어떤 음악을 들어도 신선하게 느껴 졌습니다. 따라서 음악을 듣는 것은 새로운 무언가를 흡수하는 것과 같아서 아주 즐거웠습니다. 음악에 한하지 않더라도 그런 경험은 누구에게라도 있지 않을까요?

상당히 어렵긴 하지만 저는 언제까지고 '열세 살의 기분'으로 책을 읽고 싶습니다. 지금처럼 하루에 두세 권씩 책을 읽다가 보 면 나도 모르는 새 책을 읽는 것 자체가 작업이 되어버리기 쉽습 니다. 내용보다 페이지 수나 속도감을 중시하는 일이 저에게도 있습니다.

그런 느낌이 들면 저는 '열세 살 때의 기분'을 떠올리려고 합니다. 페이지가 줄어드는 것을 안타까워하며 설레는 마음으로 한 장 한 장 책장을 펼치는 데 열중하던 그때의 기분을 되새겨봅니다.

지금과 같은 독서 생활을 이어나간다면 아마 10년 후에는 7,000권의 책이 눈앞에 쌓여 있을 것입니다. 게다가 10년 후에도 '열세 살의 기분'으로 책을 읽을 수 있다면 어떨까요. 그런 마음으로 경험이나 나이에 상관없이 사는 동안 항상 감동할 수 있는 책을 만날 수 있을 것입니다. 그리고 그것을 통해 지치지 않고 지속해서 자신의 인생을 앞으로 나아가게 하는 힘을 손에 넣을 수 있을 것입니다.

마지막으로 이 책을 쓰는 데 많은 도움을 주신 다이아몬드사 편집국의 후지타 유 씨에게 감사의 인사를 전합니다.

책이 있으면 삶이 더 즐거워진다!

우리 모두가 1만 권의 짜릿한 세상을 만날 수 있기를

'1년에 700권의 책을 읽는 서평가.'

이 책의 저자인 인나미 아쓰시 씨의 대표적인 프로필이다. 1년에 700권이면 하루에 2권 꼴로 읽는다는 말인데 그게 가능할까? 귀가 솔깃해질 만큼 매력적이지만 왠지 미심쩍은 생각도 하면서 이 책을 펼쳤다.

아주 재미있는 책이나 내용을 대충 훑어보는 정도라면 앉은 자리에서 한두 권 정도는 뚝딱 읽을 수 있다. 하지만 매일 그러고 있을 수는 없다. 그런데 저자는 매일 그런 식으로 독서를 하고 있다는 게 아닌가. 게다가 네 곳의 인터넷 사이트에 월 60권의 서평까지 기고하면서 말이다. 도대체 어떻게 책을 읽는지 점점 이 책에 대한 호기심은 커져만 갔다.

현대인들은 책을 잘 읽지 않는다고 한다. 예전에는 지하철에서 책을 읽는 풍경도 낯설지 않았는데 요즘은 그 자리를 스마트폰이 대신하고 있다. 우리나라 성인의 월평균 독서량은 0.8권에 불과하다고 한다. 이처럼 점점 책과 멀어지는 우리는 우리 자신을 이대로 그냥 내버려둬야 할까, 아니면 시대의 흐름에 맞는 독서법으로 많은 책을 음미하는 인생을 되찾아야 할까. 그 하나의 답이 이 책에 있지 않나 싶다.

우리는 독서에 대해 상당히 완고한 선입관을 갖고 있다. 하지만 저자는 굳이 교양을 익히고 훌륭한 사람이 되기 위한 왕도로서 책을 읽을 필요는 없다고 한다. 책을 대하는 마음의 부담을 덜 수 있다면 책을 읽는 자세 또한 한결 편안해지지 않을까. 어떠한 방식으로든 책을 읽어 본인이 즐겁다면 훨씬 만족스러운 인생이 될 것이다. 이 책의 핵심을 간략하게 정리하면 '책을 읽는 행위에 대한 발상의 전환'이다.

저자는 독서에 대한 발상을 전환하여 '책을 읽는 즐거운 인생'을 그리며 좀 더 편안한 책 읽기를 제안한다. 가장 마음에 와 닿았던 저자의 말은 "음악을 듣듯이 책을 읽는다"는 것이다. 사람에 따라 다르겠지만 우리는 음악을 들을 때 한 음 한 음 의식하며 듣지는 않는다. 귀를 통해 들어오는 음을 담아두기보다는 자연스럽게 흘러들어왔다가 흘러나가게 한다. 하지만 아무리 음악을 흘려 들었더라도 역시 '기억에 남은 음'은 있기 마련이다. 이런 방식을 책을 읽을 때도 적용해보는 것이다.

우리는 책을 읽으면서 모든 내용을 다 기억할 수는 없다. 음악을 듣듯이 자연스럽게 흘려 읽으면 마음에 와 닿고 기억하고 싶은 문장은 남기 마련이다. 이런 독서법을 저자는 '플로우 리딩'이라고 한다. 물론 모든 책을 '플로우 리딩'으로 읽어서는 안 된다. 저자는 연 700권의 다독생활을 위해 '독서습관 들이는 방법', '독서 체험을 오래 간직하는 비결', '700권의 책을 고르고 관리하는 법', '책에 따른 독서법 즉 플로우 리딩이 가능한 책과 그렇지 않은 책의 구별법' 등도 함께 소개한다.

책을 좋아하고 책 욕심이 많은 사람이라면 책을 구입해놓고 읽지 않은 채 쌓아두기만 해도 왠지 모를 뿌듯함을 느낄 것이다. 하지만 언젠간 읽겠지 하고 남겨둔 책은 언젠가도 읽지 않게 되는 경우가 태반이다. 저자는 이런 책을 처분하는 방법까지도 소개한다. 저자 역시 자신이 좋아해서 수집했던 책들과 레코드에 둘러싸여 오히려 일상생활에 지장을 받고 있음을 자각하고 과감하게 그 책들과 레코드를 처분했다고 한다.

나 역시 책장을 둘러보니 아니나 다를까, 언젠가 읽겠지 싶어 처분하지도 못하고 묵혀뒀던 책들이 몇 년째 그 자리를 벗어나지 못한 채 먼지만 쌓여 있다. 요즘 회자되는 '미니멀리즘'에 힘입어 과감하게 책들을 처분하고 나니 자꾸만 그 책들이 생각난다. 하지만 이번에 처분하지 않았더라면 분명 몇 년 후에도 그 자리에 그대로 자리를 차지하고 있으리라는 것을 안다. 이런 과정을 거치면서 정말 필요한 책을 소중히 하는 마음이 생긴 것 같다.

'책이란 모름지기 한 글자 한 글자 정독을 해야 한다'고 생각하는 분들은 저자가 제안하는 '플로우 리딩'에 반감을 가질지도 모른다. 저자 역시 모든 책을 '플로우 리딩' 방식으로 읽을 것을 권하지는 않는다. 하지만 저자 자신이 그랬듯이 책을 펼쳤다 하면 좀처럼 진도가 나가지 않아 애를 먹거나, 많은 책을 읽어 인생을 보다 풍요롭게 하고 싶은 분들이라면 이만큼 매력적인 독서법이 또 있을까 싶다.

'우리 앞에 1만 권의 세상이 기다리고 있다.'

생각만 해도 짜릿하지 않은가. 그 1만 권에는 어떤 이야기들이 담겨 있을까. 넓디넓은 세상의 모든 것을 경험할 수는 없지만 우리에게는 그 세상의 모든 이야기를 전해줄 책이 있다. 우리 모두 앞으로 살아갈 날들을 풍요롭게 할 1만 권의 세상을 향하여 책장을 넘겨보지 않겠는가.

실전,
운명의 한 줄을 만나는
서평 쓰기

생활방식도 행복도 '스스로 어떻게 느끼냐'가 중요하다

다수의 웹 미디어에 기고하다보니 거의 매일 서평을 올려야 하므로 단순 계산만으로도 하루에 두세 권 정도의 책을 훑어보게 된다. 그렇게 책을 읽다 보면 솔직히 말해 좋은 책도 그렇지 않은 책도 만나게 된다. 따라서 그 모든 책이 기억에 남을 리가 없다. 하지만 기억에 '남지 않는' 책이 있다면 '남은 책'도 있기 마련이다. 그렇다면 '기억에 남은 책'의 공통점은 무엇일까? 바로 '신이 깃든 한 문장'이 있느냐가 아닐까 싶다. 도움이 되었거나 혹은 이 책은 소중히 해야 한다는 생각이 저절로 들게 만들 만큼 진한 감동을 주는 문장을 발견했느냐. 그것이 '기억에 남은 책'에서 가장 중요한 지점이다. 이번에 소개할 책은《나는 단순하게 살기로 했다》(비즈니스북스, 2015)이다.

얼마 전에 화제가 되었던 '단사리斷捨離'(넘쳐나는 물건을 '끊고', 불필요한 물건을 '버리는' 것을 반복하면서 물건의 집착에서 '벗어나는' 생활방식)를 진화시켜 '미니멀리스트'를 목표로 하라고 주장하는 내용을 담고 있다. 그 생활방식은 물건을 자신에게 필요한 최소한으로 줄이는 것이다. 저자 자신이 이전에는 물건으로 넘쳐나는 지저분한 방의 주인이었던 만큼 설득력이 있다. 미리 말해두자면, 나는 이 책의 모든 내용을 긍정하지는 않는다. 90퍼센트 정도는 저자의 의견에 동의하지만 '굳이 저렇게까지 극단적일 필요가 있을까?'라고 느낀 부분도 10퍼센트 정도 있다.

나 또한 예전에 주로 책과 레코드와 CD 등 대량의 물건에 파묻힌 생활을 했었고, 그런 상태를 견딜 수가 없어서 대부분 처분했다가 후회한 경험이 있다. 그렇기 때문에 저자의 의견에 10퍼센트 정도는 동의할 수 없다. 이번에 선택한 '신이 깃든 한 문장'은 바로 이것이다.

긴 인생의 행복을 재는 일은 영원히 불가능하다. 따라서 행복은 자신의 신고로만, 즉 자신이 행복하다고 느껴야만 측정할 수 있다.

시대의 흐름과 함께 '소유의 의미'도 명확하게 변하고 있다. 하지만 남의 눈에 '과하게' 비치는 경우도 있기 마련이다. 하지만 이 역시 본인 입장에서 본다면 '이루 말할 수 없이 좋은 것'이기에 무엇보다 자신의 느낌과 생각이 중요하다. '다른 사람에게는 터무니없게 느껴지는 생활방식이라도 스스로 얼마나 행복을 느끼는가?' 이 물음에 대한 답이 무엇보다 중요하다. 자신이 확고하게 '행복한 생활'이라고 느낄 수 있다면 그 누구도 그 사람의 삶에 대해 함부로 말해서는 안 된다. 이것이야말로 이 책의 가치라고 할 수 있다. 스스로 느끼는 행복의 수나 양은 측정할 수 없다. 그것이 중요하지 않을까.

- 〈와니북아웃〉'신은 한 문장에 깃든다' 2015년 8월 5일

타인에게 자신을 맞추려 애쓰지 않는다

지금도 자주 '나는 어떤 사람일까?' 생각한다. 지위나 권력 같은 것은 아니라도 내가 사회에서 어느 정도의 위치에 있는 사람인지 이따금 궁금할 때가 있다.

나는 기본적으로 나를 아주 하찮은 인간이라고 생각한다. 사람들의 눈과 귀를 사로잡는 기발한 발상도 없고 특별한 가치관도 갖고 있지 않은, 그저 절대 다수의 사람들과 같은 생각밖에 하지 못하고 독창적이지도 않다. 따라서 나쁜 의미에서 '보통'이라고 생각한다. 이 '보통'이라는 말에는 나라는 인간의 한계가 있는 것 같아 생각하면 생각할수록 자신에게 실망감을 느끼기도 한다. 하지만 나의 생각과는 달리 나를 만난 대부분의 사람은 아무래도 정반대로 생각하는 것 같다.

"처음 봤을 때 '이상한 사람'이라고 생각했어요."

"보통이라뇨. 이렇게 말하긴 뭣하지만 인나미 씨는 어마어마하게 이상한 사람이에요!"

대충 이런 느낌이다. 어쩌면 난 정말 이상한 사람일지도 모른다. 하지만 이게 기뻐할 일인지 슬퍼할 일인지도 모르겠고, 그렇다고 '난 이상한 사람입니다'라고 떠벌리며 다닐 만한 일도 아니다. 십 대 시절을 떠올려 보면 당시의 나는 '다른 사람과는 다르고 싶다' 혹은 '이상한 사람으로 비치고 싶다'고 생각했던 것 같다. 그렇다면 현재의 나는 목표로 했던 곳에 이르렀다고도 말할 수 있다.

'그런데 이 떨떠름한 기분은 대체 뭐지?'

무라타 사야카 씨의 《편의점 인간》(살림출판사, 2016)을 읽고 이런 생각을 하게 되었다. 이 책은 편의점에서만 일하는 삼십 대 독신여성을 주인공으로 한 아쿠타가와상 수상작이다.

우선 '편의점의 부품이 되는 것이야말로 내 삶의 방식'이라는 사고 방식 자체가 '보통'이 아니다. 그것을 뒷받침하듯 주인공은 '보통'의 친구들과 차이를 느끼며 살아간다. 게다가 아주 엉뚱한 계기로 주인공의 삶 가까이로 들어오게 된 남자는 속수무책인 성격에 역시 '보통'과는 거리가 멀다. '보통'이 아닌 주인공이 그런 남자와 접점을 갖게되는 점에는 유유상종적인 뉘앙스도 있지만, 꼭 그렇지만도 않다. 연애감정이나 육체적 접촉은 일절 없다. 결국 '무엇이 정상이고 무엇이 이상한가?'라는 문제는 전혀 의미가 없다고도 할 수 있지 않을까.

편의점에서만 일하는 주인공도 정상이고 일하는 것조차 할 수 없는 주제에 주위에 욕설을 퍼붓는 남자도 역시 정상, 하물며 편의점 점장도, 단골손님도 모두 정상. 그런 식으로 사람들 속에는 제각기 '정상'적인 면이 있는데, 남이 보면 그것은 '이상'할 수도 있다. 그런 한 사람 한 사람이 크고 작은 것을 생각하고 느끼면서 하루하루를 보내고 있기 때문에 사회는 사회로서 존재할 수 있는 게 아닐까. 그런 연

유에서 이 작품 중에서 '신이 깃든 한 문장'을 고른다면 이 문장이 될
것 같다.

나는 인간인 것 이상으로 편의점 점원이에요. 인간으로서는 비뚤어져 있
어도, 먹고 살 수 없어서 결국 길가에 쓰러져 죽어도 거기에서 벗어날 수
없어요. 내 모든 세포가 편의점을 위해 존재하고 있다고요.

본인이 그렇게 실감하고 있다면 그것으로 충분하다. 그리고 이 말
은 누구에게나 적용된다. 그렇게 생각하니 내가 '어떤 사람'이라고 해
도 그것은 아무래도 좋을 일이다.

- 〈와니북아웃〉 '신은 한 문장에 깃든다' 2016년 8월 31일

생활이란 자신의 기준에 맞춰 나가는 것이다

예전에는 음악 잡지나 오디오 잡지에 '음악 감상실 탐방'이라는 기사가 자주 실렸다. 한 쪽 벽이 레코드로 빼곡하게 들어찬 멋진 방이 소개되어 중학생이었던 나도 당연히 '이런 방에 살고 싶다'고 막연한 동경을 품었다. 고입 시험이 끝난 중학교 3학년, 카페에서 난생 처음 아르바이트를 했다. 근처에 작은 중고 레코드 가게가 생긴 탓에 아르바이트로 번 돈의 대부분은 레코드 값으로 사라졌다. 그렇게 1년 정도가 지나니 나름대로 꽤 많은 레코드를 갖췄지만 운명은 너무나도 잔혹했다. 그 무렵 할머니의 부주의로 집이 몽땅 불타버리고 말았던 것이다. 물론 나의 컬렉션도 전멸했다. 하지만 그때부터 '꼭 다시 레코드를 모아야지!'라고 오기에 가까운 의지가 활활 타올랐다.

시간은 흘러 20년 후, 나의 서재는 벽 두 면이 레코드로 채워졌다. 벽장 속에도 레코드가 있었으니 실제로는 삼 면이다. 레코드는 전부 아날로그 레코드였고 CD는 거실 벽 한 면을 점거하고 있었다. 그런데 문제가 하나 생겼다. 레코드에 둘러싸여 살고 싶다는 꿈은 이뤘지만 전혀 쾌적하지 않았다. 거실 쪽은 아내 덕분에 나름 정돈되어 있었지만, 말이 좋아 서재이지 레코드와 책을 늘어놓기 위한 공간에 불과했다. 그때 나는 내가 물건으로 넘치는 생활과는 맞지 않음을 깨달았다.

좋아하는 물건은 모으고 싶지만 생활의 쾌적함도 반드시 필요하다. 하지만 모으는 것 자체가 목적이 되면 여러모로 점점 어긋난다는 것을 그때야 알았다. 그래서 과감하게 8,000장 정도의 레코드를 처분했다. '갖고 있었으면 좋았을 걸!' 하며 후회한 적도 있었고, 지금 다시 구입하는 것도 있지만 결과적으로 깨달은 것이 있다.

죄다 버리는 것이 아니라 필요한 것만 곁에 두면 된다는 것이다. 잔뜩 모이면 좋을 리가 없는 것처럼 전부 버린다고 좋을 리도 없다. 물론 쾌적함이라는 전제가 있어야 하겠지만 말이다. 그렇게 생각하면 미니멀리스트에 대한 모습도 사람마다 달라지지 않을까.

예를 들면, 또 다시 모으면 된다고 해도 현실적으로 8,000장의 레코드는 사라졌다. CD도 3,000장 정도 처분했고 결과적으로 서재는 상당히 깔끔해졌다. 물건은 있지만 걸리적거리지 않고 쾌적하다. 뭔가 부족한 것도 곤란한 것도 없다. 즉 지금의 나는 내 나름의 미니멀리즘을 실현하고 있다.

미니멀리즘의 진수를 구현하고 있는 사람의 눈에는 가소롭게 보일지도 모른다. 하지만 이것으로 충분하지 않은가. 《버리니 참 좋다》(넥서스books, 2016)의 저자의 생각이 내 생각에 가깝다.

원래 맥시멀리스트였던 저자는 일에서 오는 스트레스 때문에 '홀가분해지고' 싶었다고 한다. 그리고 심플하게 살고 싶어 단사리를 실천 중이다. 즉 거기에는 '버리고 싶다'가 아니라 '편안하게 살고 싶다'

라는 목적이 있다. 중요한 것은 이것이 아닐까.

모든 미니멀리스트가 극한까지 줄이고 싶어 하는 것은 아니다. 물건의 어떤 관리 능력을 중시하는지, 어느 정도를 적당하다고 생각하는지에 따라 필요한 물건의 양은 사람마다 다르다. '물건의 양을 적당하게 유지하면 생활이 쾌적해'라고 생각하는 사람이 진정한 미니멀리스트가 아닐까.

'미니멀리스트의 길을 얼마나 구현하고 있는가'가 아니라 자신의 쾌적함이 무엇보다 중요하다. 그 기분을 잊지 않고 살아가면 분명 물건은 점차 줄어갈 것이다.

- 〈와니북아웃〉'신은 한 문장에 깃든다' 2016년 1월 29일

중요한 것은 '얼마나 끈기 있게 해낼 수 있느냐'다

요컨대 분야에 상관없이 대단히 성공한 사람들은 굳건한 결의를 보이고 이는 두 가지 특성으로 나타났다. 첫째, 그들은 대단히 회복력이 강하고 근면했다. 둘째, 자신이 원하는 바가 무엇인지 매우 깊이 이해하고 있었다. 그들은 결단력이 있을 뿐 아니라 나아갈 방향도 알고 있었다. 성공한 사람들이 가진 특별한 점은 열정과 결합된 끈기였다. 한 마디로 그들에게는 그릿이 있었다.

이렇게 말한 사람은 《그릿》(비즈니스북스, 2016)의 저자 앤절라 더크워스다. 그녀는 펜실베니아대학의 심리학자이자 미국 교육계에서 중시하고 있는 '그릿Grit' 연구의 일인자이다. 이 책은 저자의 '그릿'에 관한 연구를 집대성한 책이다. 대부분의 사람들은 '결국 나에게는 어느 정도의 끈기가 있을까?'라고 걱정한다. 그래서 4장의 '당신의 그릿을 측정하라 – 열정에도 끈기가 필요하다'에 초점을 맞춰볼까 한다.

당신의 '그릿'은 어느 정도인가?

다음은 저자가 미국육군사관학교에서 연구용으로 개발한 '그릿 테스트'다. 이하의 표 1~10까지의 문항을 읽고 오른 쪽 칸에 자신에게 해당되는 숫자(1~5) 중 하나에 표시를 한다. 너무 깊이 생각하지 말고 '동료나 가족과 비교해서 어떤가?', '대부분의 사람들과 비교해서 어떤가?'를 생각하고 답하기 바란다.

그릿 테스트 질문지

	전혀 그렇지 않다	그렇지 않다	그런 편이다	그렇다	매우 그렇다
1 나는 새로운 아이디어와 프로젝트 때문에 기존의 것에 소홀해진 적이 있다	5	4	3	2	1
2 나는 실패해도 실망하지 않는다	1	2	3	4	5
3 나는 한 가지 목표를 세워놓고 다른 목표를 추구한 적이 종종 있다	5	4	3	2	1
4 나는 노력가다	1	2	3	4	5
5 나는 몇 개월 이상 걸리는 일에 계속 집중하기 힘들다	5	4	3	2	1
6 나는 뭐든 시작한 일은 반드시 끝낸다	1	2	3	4	5
7 나의 관심사는 해마다 바뀐다	5	4	3	2	1

＊표시한 칸에 해당하는 점수를 합산한 뒤 10으로 나눠서 나온 점수가 당신의 총 그릿 점수이다.

그릿 점수를 계산하려면 10문항 중에서 자신이 표시한 칸의 점수를 합산하여 10으로 나눈다. 최고 점수는 5(그릿이 매우 강하다), 최저 점수는 1(그릿이 매우 약하다)이 된다.

여기서 유의해야 할 점은 산출한 그릿 점수에 '현재의 나를 어떻게 생각하고 있는가?'가 반영되어 있다는 것이다. 수년이 흐르면 점수가 다르게 나오는 경우도 있다. 한 마디로 '그릿'은 변화하며 거기에는 충분히 믿을 만한 가치가 있다. 그릿을 구성하는 두 가지는 '열정'과 '끈기'이다. 이 둘의 차이를 상세하게 알고 싶다면 그릿 점수를 사용하여 각각의 점수를 산출할 수 있다.

홀수 항목의 점수를 합산한 뒤 5로 나눈 값이 열정 점수, 짝수 항목의 점수를 합산한 뒤 5로 나눈 값이 끈기 점수이다. 열정 점수가 높은 사람은 '끈기' 점수도 높을 것이다. 그러나 아마 '끈기' 점수 쪽이 '열정' 점수를 조금 웃돌지 않을까 저자는 추측한다. 모든 사람들이 그렇다는 것은 아니다. 지금까지 봐온 연구 사례로는 대부분의 사람이 그렇다는 것이다. 이는 열정과 끈기는 같은 것이 아님을 나타낸다.

'열정'이란 한 가지 일에 전념하는 것

그릿 테스트의 '열정'에 관한 문항 중에 목표에 대해 얼마나 '열심히' 임하고 있는가를 묻는 문항은 하나도 없다. 많은 사람들은 '열정'을 '몰두' 혹은 '집중'과 같은 말로 여긴다. 그러나 위대한 업적을 이룬 사람들에게 '성공하기 위해 필요한 것은 무엇인가?'라고 물으면 '몰두하는 것', '열중해서 하는 것'이라고 답하는 사람은 거의 없다. 많은 사람들이 '한 가지 일에 꾸준히 오랫동안 임하는 자세'가 중요하다고 말한다.

처음 트레이드를 한 날로부터 40년, 50년이 경과해도 항상 금융시장에 계속 관심을 갖는 투자가도 있다. 수학 문제 하나를 계속 생각하여 수년이 경과해도 '이런 문제 어떻게 정리되든 상관없어, 다른 문제에 집중하자!' 같은 생각은 꿈에도 하지 않는 수학자도 있을 것이다. 따라서 그릿 테스트의 '열정'에 관한 질문은 같은 목표에 얼마만큼 지속적으로 임하는가를 묻는 것뿐이라는 사고방식이다.

애초에 '열정'이라는 말은 '한 가지 일에 꾸준히 전념하는 것'을 나타내는 말로서는 적절하지 않을지도 모른다. 그러나 중요한 것은 뭔가에 열중하는 것은 간단해도 그것을 지속하는 것은 어려운 법이라고 저자는 주장한다.

위대한 사람과 보통 사람의 결정적 차이는 '동기의 지속성'

상위 10명에 드느냐 하위 10명에 드느냐를 가르는 결정적인 요인은 과연 무엇일까? 이것을 밝혀내기 위해 콕스와 조교들이 각양각색의 성격의 특징을 조사한 결과 위인과 일반인의 차이점은 다음 네 가지로 정리된다는 결론을 내렸다. 이 네 가지 지표는 상위 10명과 하위 10명, 즉 '위인'과 '일반인'을 가르는 특징으로서 유효하며 콕스는 이를 '동기의 지속성'이라고 이름 붙였다.

· (하루하루 겨우 살아가는 삶과 대조되는) 멀리 목표를 두고 일하고, 이후의 삶을 적극적으로 준비하여 확고한 목표를 향해 노력하는 정도.

· 단순한 변덕으로 과제를 포기하지 않음. 새로움 때문에 다른 일을 시작하지 않으며 변화를 모색하지 않는 성향.

· 의지력과 인내심의 정도 한 번 결정한 사항을 조용히 밀고 나가는 결단력.

· 장애물 앞에서 과업을 포기하지 않는 성향, 끈기, 집요함, 완강함.

처음 두 가지는 그릿 테스트의 '열정' 항목에, 이후 두 가지는 그릿 테스트의 '끈기' 항목에 거의 해당된다. 콕스는 총괄적으로 다음과 같이 결론을 내렸다.

지능이 최상위권은 아니지만 상위권에 속하면서 끈기가 유달리 강한 이들이 지능이 최상위권이면서 끈기가 다소 부족한 이들보다 크게 성공할 것이다.

중요한 것은 '인생에서 좌절이나 실패를 맛보았을 때 자신이 얼마만큼 끈기 있게 열심히 할 수 있는가'이다.

-〈라이프해커〉 2016년 9월 27일

현실을 명확하게 파악할 때 비로소 나아갈 길이 보인다

《나쁜 사람일수록 성공한다》(일본경제신문출판사, 2016)의 저자 제프리 페퍼는 스탠포드대학 비즈니스 스쿨 교수로 조직행동학의 전문가이며 특히 권력이나 리더십 같은 테마에서 높은 인기를 자랑한다. 또한 경영학의 일인자로도 널리 알려진 저자는 이 책에서 '리더십 신화의 허상'을 폭로한다.

리더십에 관한 통설은 매우 큰 영향력을 갖고 있으며 많은 사람들이 커리어의 지침으로 삼고 있다. 하지만 실제로는 그로 인해 손해를 보는 경우가 많다. 통설을 아무런 비판 없이 받아들이면 현실을 제대로 평가하지 못하고 더 나은 방향으로 나아갈 수 없다. 그 때문에 나는 리더십을 연구 테마로 삼고 관련 저작, 블로그, 강연, 비싼 비용을 지불하고 실시하는 연수 등이 왜 눈부신 성과를 올리지 못하는지 조사하기로 했다.

여기에 중요한 포인트가 있다. 리더십에 관한 종래의 지식이나 연수 등이 실제 현장에서 도움이 되지 않는다면 인간의 행동을 다른 방향에서 이해해야만 한다. 그렇게 되면 기업이나 조직에서 실시하는

189

리더십 교육법도 바뀌어야만 한다. 이 책에서 말하는 '조직의 현실과 마주하기 위한 힌트'는 다음과 같다.

'이러해야 한다'는 규범과 '이렇다'라는 사실을 혼동하지 않는다

리더십 교육산업의 목적은 미래의 리더를 육성하는 것과 현재 리더 역할을 맡고 있는 사람의 능력을 개발하는 데 있다. 대부분의 사람은 그 목적을 위해 '리더는 이렇다'보다는 '리더는 이러해야 한다'는 쪽을 중시한다. '이러한 모습을 가르쳐야 한다'라는 신념 때문에 옥석이 혼재된 리더의 실상이 아니라 리더의 본보기에 대해 열변을 토하고 성공담을 강조하며 다양한 조언과 지도를 실시한다. 그리고 '좋은 리더와 나쁜 리더의 비율은 어떠한가?', '오랜 세월에 걸쳐 리더십 교육이 실시되고 있음에도 나쁜 리더가 많은 것은 왜일까?' 등 대답이 곤란한 질문은 교묘하게 회피한다.

때론 나쁜 행동도 서슴지 않아야 한다

저자는 '좋은 결과를 내기 위해 나쁜 행동을 해야만 할 때도 있다'고 단언한다. 올바른 목적을 달성하려면 일단 용기와 지혜를 갖고 고통이 따르는 행동을 해야만 한다. 리더 역시 마찬가지다. 결단하고, 실행하고, 개혁하고, 경쟁 환경에서 살아남으려면 의지가 필요하고 나아가 일부 사람들이 반발할 수밖에 없는 행동을 하여 반감을 사는 자질을 발휘하는 것이 필요하다는 사고방식이다.

'흑이냐 백이냐?'로 생각하지 않는다

영화의 매력 중 하나가 '권선징악'으로 대표되듯이 흑백이 확실한 것이다. 그래서 우리도 '흑이냐 백이냐?' 하는 사고에 치중되기 쉽다고 저자는 지적한다. 이러한 사고법은 복잡한 현실을 과도하게 단순화하기 쉽다. 단순화 하면 틀려도 확신을 갖기 때문에 마음이 편한 것이 사실이다. 그러나 모든 일을 흑백으로 가리려는 자세로 임해서는 현실 세계의 복잡한 문제에 몰두하기가 어려워진다.

그러한 단순사고를 멈추면 상당히 곤란해지기도 한다. 하지만 리더를 포함한 모든 사람은 복잡하고 다원적이고 다면적인 자신을 받아들이고, 한 인간에게는 강점이 있는가 하면 약점도 있음을 인정한다면 사회의 원동력을 보다 잘 이해할 수 있게 될 것이라고 저자는 말한다. 그리고 그것이 가능하다면 앞으로 살아남아야만 하는 조직에 대해 더 진실에 가까운 모습을 파악할 수 있게 될지도 모른다.

-〈라이프해커〉 2016년 7월 28일

'지금', '여기'에 집중하여 최고의 능률을 올리는 방법

구글의 최고 에반젤리스트(IT분야에서 자신들의 기술을 전파·확산시키는 역할을 담당)인 《리셋》(아사출판, 2016)의 저자 고피 칼라일의 사고방식을 이해하기 위해 알아둬야 할 것이 이 책의 프롤로그에 언급되어 있다.

> 문명이 발달하는 과정에서 잊어서는 안 되는 것이 있다. 우리가 다루는 테크놀로지 중에서 가장 중요한 것은 우리 자신 안에 있다는 것이다. '이너넷Inner – net' 즉 뇌와 신체, 마음, 호흡, 의식의 집합체이다. (중략) 이 테크놀로지가 최고의 능률을 발휘할 수 있도록 하려면 마음을 차분하게 하고 심신을 회복시켜 에너지를 충전할 시간이 필요하다.

저자는 이 책에서 오래 전부터 내려온 지혜를 바탕으로 이너넷의 구체적인 실천법을 명확히 알려준다. 특히 '마인드풀니스Mindfulness'와 '명상'이 이너넷에서 중요한 의미를 갖는다.

마인드풀니스 명상은 자전거 레이스를 위해 신체를 단련하면서 정신을 단련하는 것과 같다. 더 구체적으로는 신체적 지구력을 높임과 동시에 감정적 지성을 닦아 인지 기능이나 사고의 명석함, 집중력을 더욱 높이는 것이다.

마인드풀니스 명상은 최근 20년 동안의 연구에 의해 과학적으로 실증되어 다양한 이점이 나타나고 있어 IT 비즈니스 분야에 관여하는 사람들로부터 크게 주목을 받고 있다.

마음을 웨스턴 호텔에 체크인한 상태로 만드는 방법

흥미롭게도 저자는 '마인드풀니스 명상에는 웨스턴 호텔에 체크인하는 것과 같은 효과가 있다'고 말한다.

당신은 지금 뉴욕 타임스퀘어 한복판에 있다. (중략) 웅성거림과 함께 다양한 것들이 시야를 흐리게 한다. 그 와중에 복잡한 그림이나 그래프를 만들거나 논문을 써야만 한다면 어떨까. 당신이 아무리 차분해지려고 해도 주위의 웅성거림을 당해낼 재간이 없다. 가까운 웨스턴 호텔이나 더블트리 호텔의 방을 얻어 꼼짝 않고 일을 한다면 분명 눈 깜빡할 새 작업을 끝낼 수 있을 것이다.

사람의 머리와 마음속은 대부분 타임스퀘어와 똑같은 상황이다. 현재는 물론 과거와·미래도 차례차례 떠올라 머릿속을 엄청난 속도로 휘젓고 다닌다. 그런가 하면 갑자기 알람과 함께 단말기 램프가 점멸하고 스마트폰이나 데스크 탑 화면에 소셜 미디어 메시지가 뜬다.

TV를 켜면 광고가 들려오고 신문에는 큰 기사 제목이 춤을 추고 떠들썩하니 소음으로 가득하다. 그런 상태에서 뭔가를 하려는 게 무리이다. 그런 때야 말로 마인드풀니스 명상이 중요한 의미를 갖는다. 머리와 마음을 웨스틴 호텔이나 더블트리 호텔 안에 머무는 상태로 만들어준다.

사람의 마음은 유리잔의 물과 같다

저자는 '사람의 마음은 강이나 호수에서 길러온 유리잔의 물과 같다'고 말한다. 막 길러왔을 때는 탁해도 잠시 그대로 두면 불순물이 가라앉아 반대쪽이 훤히 보일 만큼 깨끗해진다는 것이다. 명상을 하면 마음속에서 이 같은 일이 일어난다고 한다. 마음속의 불순물이 서서히 가라앉아 의식이 깨끗해진다. 그러면 보이는 세상이 달라진다.

저자에 따르면 마인드풀니스는 명석한 사고와 집중력을 얻는 방법이며 이를 통해 업무상 혹은 인생에서 안고 있는 문제에서 창조적인 해결 방법을 찾아낼 수 있다고 한다.

그리고 더 중요한 것은, 사고가 명석해지면 자신의 인생에 도움이 되는 '진실의 정보원Source of Truth'에 접할 수 있어 실제로 무엇이 일어나고 있는지를 이해할 수 있다는 점이다.

명상은 마음을 차분하게 하고 머릿속을 깨끗하게 정리하여 정말 중요한 것에 의식에 집중할 수 있도록 해준다고 저자는 말한다. 따라서 마인드풀니스를 능숙하게 활용해야 한다면 '지금', '여기'에 집중하여

최고의 능률을 올릴 수 있다. 그런 의미에서도 혹은 더 깊이 인간의 본
질을 재확인한다는 의미에서도 꼭 읽어두었으면 하는 책이다.

-〈라이프해커〉 2016년 7월 29일

인생은 책을 얼마나 읽었느냐에 따라 달라진다

1만 권 독서법

초판 1쇄 발행 2017년 1월 19일 **초판 11쇄 발행** 2024년 1월 26일

지은이 인나미 아쓰시
옮긴이 장은주
펴낸이 이승현

출판2 본부장 박태근
W&G 팀장 류혜정
디자인 김준영
일러스트 손호용

펴낸곳 ㈜위즈덤하우스 **출판등록** 2000년 5월 23일 제13-1071호
주소 서울특별시 마포구 양화로 19 합정오피스빌딩 17층
전화 02) 2179-5600 **홈페이지** www.wisdomhouse.co.kr

ISBN 978-89-6086-314-9 [03320]